統計學，最強的商業武器。

把數據資料轉換成獲利能力的智慧

Business
商務篇

西內啓——著

STATISTICS,
LITERACY FOR
THE NEXT GENERATION

【專文推薦】

大約20年多前，在我擔任行銷長一職時，便與大數據結緣，當時稱之爲CRM技術。透過CRM所能匯集到的數據，大多是交易性資料及個人基本資料。除了當時的系統處理能力不夠完善之外，對於數據收集的運用也沒有很創新的概念，更不確定是要用裸數據，還是使用經過處理後的數據，也因此便不知如何就現有的數據來分析市場及客群，甚至不確定所收集到的數據是不是必要的。因而，只好用非常大的暫存空間，將所有看似能用的數據全都備存起來。但其實，無法分析數據背後的含意，就算存放再多的數據都是沒有用的。

大數據演變到現在技術愈來愈進步，數據的運用也更是廣泛。尤其在網路時代，透過數據來分析了解市場趨勢，是企業經營很重要的方針。例如：在行銷方面，透過數據的分析，可針對不同性別、年齡，甚至職業別等，採取不同的宣傳方式，以及產品規劃，更能針對目標族群拓展銷售及發開商品。

這本書最棒的地方在於，一開始就先將一些企業策略做了很簡單的分析，包含總體策略、競爭策略等，這對於許多經營者及決策型主管是十分受用的。此外，作者在書中也十分強調「人力」的重要性，而這個部分身爲主管的我也是感同深受。書中不但很詳細的介紹了人才評選的方法，甚至還幫忙企業規劃評估「人才」的適性。作者將「人事統計學」分析的十分完整，這對商管書來說十分罕見。

此外，本書在「行銷」的部分，也有很棒的論點，尤其是從「瓶頸開始著手」的分析，這在經營管理上是經常會碰到的問題。當企業的成長開始下降時，往往都需要回頭重新評估是什麼讓公司的成長變慢了，這時，過往的數據就是最好的分析依據。

這是一本不管是在做行銷、競爭策略，營運管理的人，都十分受用的一本書。能在這市場找到藍海，以及發現最大的市場占有率，這絕對是各大企業一直在努力的目標。

富邦媒體科技總經理　**林啟峰**

【專文推薦】

統計，是從數據當中找出有用資訊的科學，可應用在各式各樣的領域。商業領域無處不是數字，業界當然更可以利用合適的統計方法，幫助公司獲取更大的利益。然而，商界對統計的功能是否有充分認知、並且普遍執行呢？很遺憾，答案應是否定的。有很強的工具卻把它放著不用，豈不奇怪？這和我們長久以來的統計教學方式以及教科書有絕對的關係。商務人士若想了解統計的功能，隨便打開一本統計教科書的話，立刻會被一堆恐怖的數學符號和公式打敗了。因爲統計教科書的內容多半在教統計方法、甚至理論，想要從這些書裡了解如何實際應用，門都沒有。

統計系畢業的專業人才，理論上應該會用統計方法解決問題了吧？然而，學校多半只注重考試，學生只要會用公式計算出答案，要畢業不難。但若丟給他一個實際問題，要求他用統計方法找答案，恐怕只會得到瞠目結舌的反應。因爲統計教科書教的東西、和如何解決實際問題之間，有著太大的鴻溝。

終於有學者出書來塡補上述鴻溝了，那就是西內啓先生所寫的《統計學，最強的商業武器【商務篇】》。正常利用統計工具的場景應是這樣的：先有問題，然後把它具體表達成合適的研究課題，再考慮針對該課題，應怎樣蒐集數據以及運用哪種統計方法來進行分析。大部分教科書討論的只是上述過程最後一步的分析，而《統計學，最強的商業武器【商務篇】》這本書給了我們全套：從問題開始，到做出結論！

西內先生文字淺白易懂，譯者譯筆極佳，整本書讀起來非常流暢，連我這不懂商業的人都學了許多，商務人士肯定應該要拜讀。這本《統計學，最強的商業武器【商務篇】》是西內先生系列書的第三本，若讀完有興趣，前兩本也肯定值得一讀。學統計而想進入商界的人，更是一定要讀這本書，除了能夠迅速了解統計可如何應用在商界問題之外，當主管給你問題、要你分析時，才能夠跟主管有效溝通，而不至於雞同鴨講。

美國愛荷華大學統計博士、淡江大學數學系教授
《統計第一門課：觀念與應用》作者
鄭惟厚

目錄

目錄

第2章 用於人事的統計學／123

目錄

第4章 用於營運管理的統計學

目錄

序章

別用「感覺」和「案例」來分析

1 商務人士所不知道的「研究設計」技術

常見的數據運用失敗案例

我之所以撰寫《統計學，最強的商業武器》一書，是爲了塡補統計學與一般商業人士的認知之間的差距。

當時，大數據一詞廣受矚目，以昂貴系統進行高度分散處理所獲得的結果只能畫成漂亮的圓餅圖或折線圖等評論，在缺乏深入探討的情況下，就這樣被商業新聞給報了出來。

對此，身爲以數據分析爲生的專業人士，我提出了反論，且該論點獲得廣大迴響並爲社會所接受，著實是可喜可賀。

而著作的暢銷也讓我的人生產生了很大變化。爲了將數據應用於商業而來找我的人，也比以往多了很多。

或者更精準地說，應該是「想將數據應用於商業，但始終不太順利而來找我的人」，比以往多了很多。他們很多都大張旗鼓地維護著公司內部的資料庫、引進了高價的ＩＴ系統，還付了很多錢給公司外部的數據科學家及顧問等，卻未能從中獲得任何成果，亦即沒能因此而提高利潤。

「能夠妥善運用數據並持續獲利」的人，大概不會因爲對我的著作印象深刻而特地與我聯繫吧。然而實際上，不論是知名的大企業，還是被新聞報導爲業界中「搶先引進大數據的先進公司」，在大數據方面投入了不少資金但卻並不順利的，似乎爲數不少。

在跟他們的諮商過程中，我得以瞭解到在什麼情況下、如何處理、獲得了怎樣的分析結果，以及事情是如何進行得不順利等各式各樣的反模式（Anti-pattern）。這類案例的典型故事如下：

首先，是社長或長官等管理階層下令說：「今後我們公司也要運用大數據！」

接著基於此命令，相關的任務和預算，就會被分配給資訊系統及行銷等該企業中較適合處理大數據的部門。

然而，負責人員並不知道該怎麼運用這些預算，便姑且將之投資於似乎具一般通用性的硬體和軟體，但由於不知該怎麼使用，於是只好仰賴外部的顧問或數據科學家。

而結果報告雖然是拿到了，但其中卻沒發現任何可能獲利的線索。又或是參考了顧問專家所提供的「其他公司的成功案例」，運用機器學習演算法來嘗試自動發送優惠券、最佳化廣告郵件的配送等，但並未明顯看到任何銷售額增長的跡象。

不靠個人感覺的研究設計

我發現，這種狀況的產生，其實源自於缺乏研究設計的觀念。

所謂的研究設計，是指研究者該如何考量理想的研究課題，並思考應要針對該課題進行怎樣的調查及分析。在日本，很多大學在這方面都不具備有系統的教育訓練，研究者們多半都是看著恩師的背影，在不知不覺中學會了「研究該怎麼做」。

但在美國，據說有很多大學都針對這樣的技術提供了相關課程。於本書撰寫期間，我光是在美國的Amazon.com 網站搜尋「research design」，就搜到了一萬本以上的書籍呢。

雖說依人或教科書不同，多少有些「流派」之類的差異，不過一般而言，研究設計所需的第一步驟，都是要先瞭解過去曾做過的研究。研究這種事可不是窩在辦公室或實驗室裡默默地思考或做實驗，某天突然靈光一閃就能有重大發現的。

還算聰明的人在不做功課、不唸書的狀態下，光是靠長時間獨自思考而得的東西，幾乎都是前人早已想到也已發表過的，很多甚至還已有反論或反證存在。特地把很久以前就已發明的東西再拿來重新發明的行爲，在英文裡被說成「reinvent the wheel」（重新發明輪子）。即多此一舉、白費力氣之意。的確，從沒見過輪子的人若是在搬運重物時發明了輪子，很可能會誤以爲「自己是天才」。但不論靠著單獨個體的聰明才智發明了多少次輪子，人類的智慧都不會進步。

就我所知，研究是一種想要對「人類智慧」有所貢獻的行爲。因此，你必須先瞭解前人對你所關心的課題「已經有什麼程度的發現、已經知道了多少」，然後再思考，若是要篩選出「還不清楚的重要部分」，必須如何收集、如何分析資料。這就是研究設計的觀念。

一般來說，在學術論文裡未正確標示出資料的來源、出處，或是僞造資料內容及所獲得的結果等，都是有違研究倫理的「不當」做法，同時也是污染前人所累積之「人類智慧」的行爲。

與研究者不同，當商人嘗試分析數據時，並不一定要找出「人類還不知道的重要事物」。基本上，只要能找出「自家公司裡大部分人都還不知道的重要事物」即可。但儘管如此，研究設計的重要性依舊不變。

不論是普通的商業人士，還是具有熟練的高度分析技術的數據科學家，缺乏研究設計觀念的人多半都會靠自己的經驗及直覺、感覺來思考「假設」。然後試圖以數據資料來驗證該假設。

可是，一般人能想得到的假設，例如：「女性的客單價高於男性」、「有收到廣告郵件的人之後較常購物」等，就算經過了數據資料的驗證，也產生不了多少價值。多半都只會得到「嗯，果然如此」之類的反應，而且很快就再也想不出來了。若有人能穩定持續地想出令人振奮的新假設，還大部分都能通過驗證的話，那肯定也只是一小撮的天才罷了。

一旦想得到的假設都想完了，他們接著就會開始「收集成功案例」。亦即請顧問介紹一些像是基於數據分析結果的經營策略、「自動寄送優惠券」之類運用了數據的應用程式，以及國內外與自家公司做同樣生意的企業是如何利用數據資料等的例子，並試圖加以模仿。

這做法似乎較接近「人類的智慧」而非僅靠個人感覺，但其實裡頭有個意料之外的陷阱。就算是在同一業界販賣類似的商品，各企業間仍存在有各式各樣的差異。例如：主要客群、品牌形象，或是背後的營運管理方式不同等。因此，即使將能爲某家企業帶來極大利潤的做法直接移植至另一間公司，仍經常發生效果不如預期的狀況。

舉個例子，假設有個以價格合理爲主要賣點的零售企業，靠著「優惠券發送的最佳化」機制而大獲成功。但另一家公司雖同爲零售業，卻是以「令人安心的優秀服務」爲品牌形象來吸引可接受高價位之優良顧客，要是這間公司也直接有樣學樣的話，結果會如何呢？結果吸引來的全都是對折扣有反應顧客，破壞了原本的客群結構，甚至可能因此流失了寶貴的優良顧客們。

更何況，不論是我本人，還是因數據分析工作而不時出現在媒體上的那些熟識的業界友人們，我們都絕不可能公開談論，眞正與重大利潤直接相關的分析結果。畢竟這可能會把自己的客戶或自家公司，花了大把力氣和成本才好不容易發現的競爭優勢來源，洩漏給其他公司。因此，很多放在檯面上的「大數據成功案例」，基本上都只是一些可公開且無關痛癢的內容而已。

此外，要是眞有人偷偷告訴了你什麼很厲害的成功案例，那麼當他成爲你的商業伙伴時，你最好小心爲上。因爲要是之後你的公司和這個人一起運用數據資料而大大獲利，該成果很可能不久後便會被洩漏給競爭對手，很快就會失去價值了。

改善「主幹」而非「枝葉」

基本上，可將數據分析轉換爲價值的領域，其實比該怎樣把優惠券送給誰、客服中心該如何處理客訴等，到處充斥的大數據「成功案例」要廣泛得多。此類「案例」往往都只是商業活動的「枝葉」罷了。在這些枝葉的範圍內運用數據資料，多少也能帶來一些利益，而且既然不用思考什麼太難的東西，所以很可能會有立即性的效果。但若能致力於改善更根本的「主幹」部分，其影響效果可是會大得多。

這幾年來，我有幸得以協助各個不同業界在各種領域的諸多數據運用。主要原因就在於我所具備的研究設計技術，每次參與新領域的工作時，我都必定會先瞭解並掌握，管理學家及應用心理學家等許多前人曾做過的研究，還有該業界的專家、老手們的智慧。在日本，只採取質化研究的管理學家還很多，但許多歐美的管理學家都已開始利用統計分析，針對如何能提高企業收益之目標建立起科學依據。

我知道像這樣事先掌握既有研究結果的做法，對多數商業人士而言是個很高的門檻。正因如此，本書除了介紹我至今已學過的各類研究之外，還將提出一個任何人、任何公司只要加以遵循，在某個程度上，應該就能妥善分析的研究設計雛形。就算要從零開始想出假設很難，但只要有了這個架構，你應該就能將難以化爲日常語言的內隱知識和數據連結，進而產生出新的見解。

2 本書的內容架構

本書所涵蓋的四大主題

那麼，商業經營中的「主幹」爲何？

至今爲止，我所經歷過的最大「主幹」是經營策略。

稍後將會詳細介紹管理學家傑伊．巴尼（Jay Barney），除了在其著作中提到所謂的經營策略可說是「市面上有幾本經營策略相關書籍，其定義就有幾種」外，也自行將之定義爲「一家企業對於如何在競爭中成功勝出一事所抱持的理論」。

而本書則是以「全公司一貫（或應實行）的獲利方針」之意來運用此詞彙。更具體地說，若是對於要進入什麼樣的產業、想在其中做出怎樣的差異化、自身會有怎樣的優勢等沒能做出正確的判斷，那麼只改善營運管理的「枝葉」部分，效果是很有限的。或者，若是模仿與自身經營策略不合的「大數據成功案例」，別說沒意義了，甚至還可能會有反效果。

換言之，本書所討論的經營策略，並非只有經營管理者及其身邊的顧問才需要考慮；就算要針對實務上的營運管理改善、行銷企劃等做分析，也必須先符合整個公司所認爲「在此業界成功勝出的關鍵爲何」之策略方向才行。本書打算提供的，便是從這樣的必要性到所有商業人士都該考慮的策略分析基礎。

經營策略可分爲競爭策略（事業策略）和企業策略（總體策略），而本書主要針對競爭策略做討論。至於企業策略，像是有關多角化經營及M&A（併購）等部分，我認爲這些並不在「所有商業人士都應考慮的策略分析」範疇內。

本書的第1章，首先針對可左右企業獲利能力之支柱——經營策略，介紹做爲其基礎的管理學理論與既有的相關研究，同時還會解說實際上該如何分析怎樣的資料等具體步驟，以及詳細的注意事項等。當然，經營策略的決定不能只靠資料數據，也會需要一些專業的判斷力、感覺，但藉由適當的數據運用，我們應該就能不

圖表 0-1　本書之四大主題間的關聯性

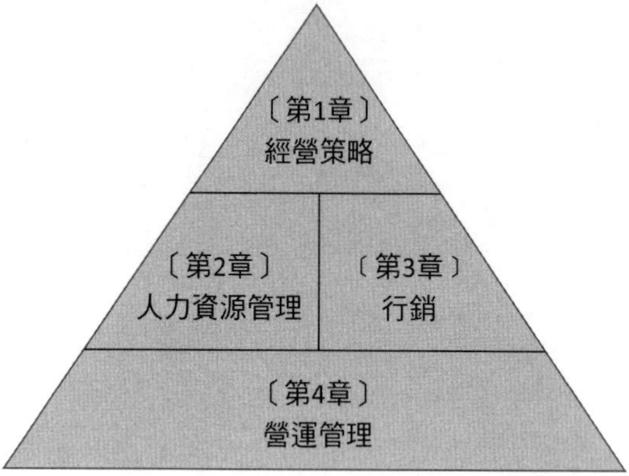

單純倚賴感覺，而找出更有希望的策略。

接著，爲了實現經營策略，有兩件事是必要的：一是企業內部的人才管理，另一是企業外部的顧客管理。通常前者被稱做「人力資源管理」，後者被稱爲「行銷」。而我們將在第2和第3章中，分別介紹相關的基礎理論與既有研究，此外，也會說明具體的數據分析及運用步驟。

簡言之，比起廣告郵件的配送等營運管理細節的最佳化，聚集生產力高的優秀人才，並與高利潤的優良顧客做生意，所能帶來的影響可是大得多呢。

以至此爲止的「主幹」部分爲基礎，在最後的第4章中，我將爲各位解說關於營運管理的改善。包括很少聽到「大數據成功案例」的領域在內，企業的所有業務都可藉由數據資料來改善生產效率，而且現在很多企業都已針對各種業務引進了ＩＴ技術，應該已在不知不覺中累積了不少資料。

在這章裡，我們將綜觀該如何掌握各種業務的生產力，又該針對怎樣的數據，從怎樣的切入點來加以分析。另外，還會提到如何將目前所累積的業務系統資料，處理成可分析的狀態。甚至該聚焦於各種業務中的何者這點，也會在此做說明。

各章主題間的關係就如圖表0-1所示。位於企業決策之頂點的是經營策略，而支撐著經營策略的兩大支柱，分別是針對「內部人員」的人力資源管理，以及針對「外部人士」的行銷，然後在最底層支撐著該兩者的各種業務之營運管理，則左右了企業的獲利能力。

本書的說明順序與一些關鍵詞

而在實際的分析過程中，我會依序說明成果、分析單位、解釋變數和具體的資料來源、所用的分析方法及其判讀解析。

所謂的「成果」，是指分析時「想要最大化／最小化」的最重要值。在一般的統計學教科書中，這通常被稱做反應變數或依變數、因變數，甚至就簡單地稱做y，在機器學習等領域也被稱爲外部基準。

我堅持使用「成果」一詞，是有原因的。此詞彙譯自英文的「outcome」，亦可譯爲「結果」，而這是我的背景——政策科學及醫學等領域的用詞。此詞彙反映了這個領域裡「藉由分析，實際上能帶來什麼好處」的實用主義觀念。就統計方法而言，依變數是不論使用什麼樣的數值都能夠獲得分析結果的；但若是稱之爲「成果」，我們就必須思考「應達成的最終目標成果是什麼」了。

本書，或者應該說我本人，總是時時在思考有什麼東西能夠更直接且有效地達到提升企業獲利的目標。與獲利直接相關的成果優於與獲利關聯性較薄弱的成果，而可左右數百億日圓利潤的成果，又優於至多僅能左右幾百萬日圓利潤的成果。

至今我曾見過的許多「無用的分析報告」，其根本問題都在於這個「成果」的設定不恰當，因而陷入「不論就統計學而言再怎麼正確，都沒有價值」的狀況。例如：分析單次來店的消費額這種很難算得上是最理想的成果時，可能會得到「應該要重視於特價期間來做大量採買的顧客」這種分析結果。這樣的分析儘管就統計學而言是正確的，但只靠每年大打折期間才來的客人，這店可能根本賺不到錢。比起那些人，定期來店以定價購物的顧客，或許才是支撐著該企業絕大部分獲利的一群。適合做爲成果的，應是較長期的生涯總消費額，而非單次來店的消費額，甚至與其分析銷售額，還不如分析毛利會更好。若是分析「帶來大量毛利的顧客和其他顧客有何不同」，應該就能避免產生這種「無用的分析報告」了。

接著，實際分析此成果時，我們會需要決定一個觀點，亦即要以怎樣的「分析單位」（也有人稱之爲「分析單元」，但本書統一稱做「分析單位」）來做分析。例如：就算使用同一批資料，同樣分析銷售額，也會有想找出的是「銷售額高的企業和其他企業有何不同」、「銷售額（消費額，即客單價）高的顧客和其他顧客有何不同」，或是「銷售額高的商品和其他商品有何不同」等分別。這些不同的切入點會產生完全不一樣的分析結果，以致於所採取的行動也會不同。

而「或許可解釋」每個分析單位之成果大小的特性，就叫做「解釋變數」。又或者所謂的「解釋變數」，可說就是「由數據資料所顯示出的分析單位特徵」。關於這部分，各章中也將會舉出各種具體的例子。

所選的解釋變數越是多樣，就越有機會發現某個意料之外的解釋變數，實際上竟和成果有所關聯；反之，對於數據資料中並未提供的解釋變數和成果是否有關聯這點，數據分析是無法提供任何資訊的。因此，本書除了會盡量多提供各種可能的解釋變數想法之外，還會介紹發想的方法、可輕鬆取得多種解釋變數的資料來源，以及其處理方法等。

最後，再說明應採取怎樣的分析方法，然後是其使用方式與該結果的解讀方式，以及依據分析結果所該採取的行動等。由於本書著重的是實務應用，故當成果是以量化的數字大小來表示時，就使用多元回歸分析；而當成果爲「是否處於某狀態」的質化資料時，則使用邏輯回歸，也就是將主要的分析方法縮限於這兩種。

雖然本書對各分析方法背後的數學意義幾乎隻字未提，不過多數方法我都已在前一本著作《統計學，最強的商業武器【實踐篇】》中做過詳細解說，若有需要，請各位務必參考該書。

當然依成果的特性不同，有時可能用卜瓦松回歸（Poisson Regression）或貝塔回歸（Beta Regression）等方法會更合適。但我認爲只要懂得最基本的這兩種方法，應該就能夠探索可能獲利的點子，並以A／B測試（或隨機對照實驗）來進行驗證。若你想更進一步深入瞭解這些統計方法，可以參考市面上關於數據分析及統計模型的入門書。

換句話說，這些程序就是先建立一個「成果很理想的分析單位和其他分析單位的差異，是否就在於此解釋變數？」這類問題（這在專業術語中稱爲「研究課題（Research Question）」），然後提出實際找出其答案的方法。

這整個過程的構思，正是所謂的研究設計，而本書所介紹的內容，可說就是一種「研究設計的雛形」。

基於前述理由，我是不能夠透露各案例的眞正公司名稱及其實際分析結果的，但本書所介紹的分析步驟，全都來自我的實際工作經驗，而在撰寫時，我也有特別提到一些除非實際經歷，否則不會注意到的具體注意事項。

就研究工作而言，這研究課題本身必須有原創性，因此，非得先適度地瞭解爲數眾多的既有研究不可。此外，依據所考慮的是經營策略還是行銷等領域不同，合適的研究設計也會不一樣。

不過，就如先前已提過的，各位必須發掘的其實只是「自家公司裡大部分人都還不知道的獲利點子」。所以成果與分析單位並不需要那麼有原創性，只要能弄清楚既有研究所提出之解釋變數中的眞正重點，並以自家公司的數據資料來實際驗證的話，應該就很有意義了。當然，若是能再構思出獨創的研究課題，然後應用雛形來挑戰進一步的分析，那就更棒了。

若能藉由本書所討論領域的研究設計雛形，幫助各位從前人的智慧與資料中創造出價值，本人實深感萬幸。

第 1 章

用於經營策略的統計學

本書所討論的經營策略，並非那些僅由部分管理階層考量的策略，也不是只用策略顧問所提供的矩陣圖就能決定的策略。所有商業人士在改善自己所負責的業務時，都會嘗試找出自家公司所在市場的「成功關鍵」。而符合策略性的「成功關鍵」與否，大大左右了之後的數據分析價值。你不需要為了想出該關鍵而成為「經營策略狂」。只要懂得非常基本的競爭策略理論以及分析訣竅，任何一位商業人士應該都能獲得有關自身業務之改善方向等重大發現。

3 以數據引導策略

顧問們就愛矩陣圖

在知名著作《失敗的本質》中生動地描述出舊日本軍戰敗原因的管理學家野中郁次郎等人，在其續集《戦略の本質（暫譯：策略的本質）》（日本經濟新聞社）一書的開頭寫道——

戰後六〇年，於並肩競爭狀態下成長至今的日本，或許是面臨了全球化的競爭，才首度意識到策略所具有的重大意義，因而感到困惑不已。

《戦略の本質》一書從初版上市至今已過了十年以上，但從經營策略相關新書

圖表 1-1　產品組合管理（PPM，Product Portfolio Management）

		相對市佔率	
		大	小
市場成長率	高	明日之星 ↓ 最優先投資	問題兒童 ↓ 選擇性投資
	低	金牛 ↓ 將資金投資於他處	敗犬 ↓ 撤退

在書店裡依舊熱賣這點看來，現在大部分的日本商業人士，可能還是不那麼擅長策略思考。

不僅限於軍事方面，在商業上，超越個別勝負的「根本戰鬥方式」，亦即所謂的經營策略，是一種很重要的決策。也因此，這幾十年來，它一直都是備受全世界管理學者們關注的研究主題。據說還曾一度有許多日本企業紛紛付出高額報酬，請來顧問公司替自家企業建立經營策略。像麥肯錫和波士頓顧問集團（BCG）等全球性的顧問公司，都擁有思考經營策略用的架構及工具，藉由這些架構及工具的學習，便能在短時間內將他們所雇用的高學歷年輕人培育成「策略顧問」。

而在這類工具中，最有名的大概就屬由BCG的理查・洛克里奇（Richard Lochridge）所創建出的「產品組合管理（PPM）」，也稱做「成長佔有率矩陣」、「BCG矩陣」的圖表1-1了。

此圖表所呈現的是──「企業所應採取的經營策略選項，只靠這兩個元素的搭配組合就能夠判斷」。所謂的市場成長率，意即「今後的市場規模是否會增長」；而相對市佔率，則是指「能否在該市場中取得佔有率」。

若能在增長的市場中取得佔有率，那麼就應該優先予以投資，獲得主導地位，以最大化從該市場賺得的利潤。若能在成長率低的市場取得較高相對市佔率，就算投資再多也很可能影響不大，因而可將其資金轉投資至其他領域，而這種可產生現金流量的，便是「金牛」型事業。

此外，若有一些在成長市場中無法取得市佔率的「問題兒童」型事業存在，就該進行選擇性的投資，亦即仔細挑選出其中較有希望者，並認眞思考「該如何取得佔有率」。至於今後的市場規模不會再增長，且現在也無法取得市佔率的「敗犬」型事業，就該儘快賣給其他想要的公司，速速撤退才好。

基於這樣的思考方式，從一九八一年至二〇〇一年爲止，擔任奇異公司

圖表 1-2　SWOT 分析

		對於達成目標	
		有利	不利
因素	內部	優勢（Strength）	劣勢（Weakness）
	低外部	機會（Opportunity）	威脅（Threat）

（GE）CEO的傑克・威爾許（Jack Welch）便以「除了市佔率爲全球第1或第2的事業外，其他全都退出」之方針來縮小事業範圍，而大幅提升了公司的獲利能力。據說他認爲「策略很簡單，問題在於實行」。

而在與經營策略無關的層次，還有個工具比PPM更深入地滲透至我們的會議室中，那就是所謂的「SWOT分析」（圖表1-2）。這是一種可用於企業或事業，以及產品、廣告策略等方面，將目前的狀態依據「對於達成目標是有利還是不利」、「屬於內部還是外部」等來加以整理的分析方法。由於此概念不限於經營策略，經常廣泛出現在各種商管書中，所以應該也有人曾在會議資料中見過才對。

各位可能都已知道，屬於內部的有利因素就是優勢（Strength），屬於內部的不利因素是劣勢（Weakness）；屬於外部的有利因素是機會（Opportunity），屬於外部的不利因素則是威脅（Threat），而ＳＷＯＴ正是這四個英文詞彙的開頭字母。也就是將自家公司的Ｓ、Ｗ、Ｏ、Ｔ因素分別列出，然後思考今後該如何運用優勢與機會，又該如何抵抗劣勢與威脅之類的。

附帶一提，顧問公司或ＭＢＡ出身的商業人士們似乎不論遇到什麼，都有用矩陣來整理的傾向，這可不是什麼學術研究所得到的結果，這是我依據個人的實際經驗而歸納出的結論。我想，這恐怕和他們在職涯早期學習如ＰＰＭ及ＳＷＯＴ分析等「以二維表格整理的工具」不無關係。

矩陣分析的兩個限制

不只是ＰＰＭ，很多用來思考「該選擇哪種市場？」等策略的架構都有個問題，那就是會碰到「好像無法再繼續增加市佔率與價格競爭力，但又不至於必須趕快撤退」的情況。就算要「做出某種差異化」、「創造與其他公司不同的附加價

圖表 1-3 顧問所提出的報告示例

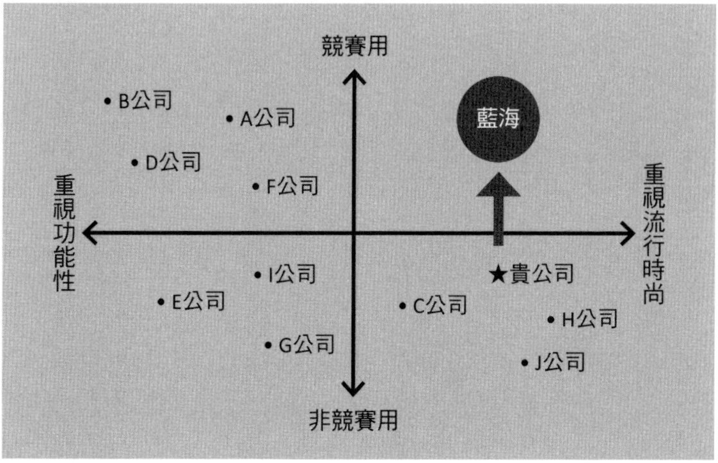

值」，也得要能看出該做怎樣的差異化，又該創造怎樣的附加價值才行。面對這樣的問題，顧問們是如何處理的呢？就我所知，他們還是習慣畫矩陣來整理。

要是把我的親身經歷講出來事情可就大條了，所以讓我說個虛構的故事吧。

假設某顧問對一家苦於經營策略的中型運動用品製造商，以圖表1－3的矩陣來整理其競爭對手。然後他依此圖表提出建議說：「社長，請利用貴公司的優勢，專注於競賽用的高流行性商品吧！」

此圖表中所謂的「藍海」，和管

理學家金偉燦（W. Chan Kim）及勒妮·莫博涅（Renée Mauborgne）所提出的概念是不同的東西，這只是一種說法，用來大略表示「沒有什麼其他公司存在、還沒什麼人做的市場」之意。重點在於，這樣的做法有兩個限制。

第一個限制是，爲何該聚焦於此二維表格？亦即爲什麼是交由顧問來任意決定選項？

若是以「針對球類等競賽型的運動／針對跑步及瑜珈等非競賽型的運動」和「重視流行時尚／重視功能性」這兩個軸線來理解運動用品品牌的話，確實是會畫出像剛剛那樣的圖。但與運動用品有關的因素，除了這些之外還有很多其他的。例如：若以「奢侈豪華／簡便休閒」爲軸線來思考，便可能得到「奢侈豪華又重視功能性的品牌還沒什麼人做」的結論。

那麼爲何非得用一開始講的「競賽用與否」及「重視流行時尚與否」這兩個軸線來劃分呢？

想必答案就是依顧問的經驗與直覺，或是感覺吧。說得誇張點，搞不好只是這位顧問在假日和朋友去踢室內足球時，想到了「玩室內足球的女生也越來越多，若推出更具流行時尚感的運動用品應該會很賣」的點子，於是便把它包裝得像是客觀的分析結果來推銷而已。

另一個限制則是，就算顧問所列出的兩個軸線，的確是能夠妥善解釋這世上各運動用品品牌之多樣性的理想架構，但「還沒什麼人做的領域」是否眞的就是有前景的市場？會不會有如下的可能性存在呢？

做競賽型運動的人應該比其他人更愛「競爭」，故對於運動用品，相較於流行時尚，爲了有利於競爭，他們重視功能性的慾望更爲強烈。而喜愛非競賽型運動的人，則包括追求不易受傷或減輕身體負擔之功能性，以及能讓運動時心情更好的流行時尚感等兩類人。正因爲背後存在有這樣的結構，所以就算針對競賽型運動降低產品的功能性並提高流行時尚感，大部分顧客也不會覺得有吸引力，在這之間或許是有著這樣的落差也說不定。

所謂「空著的地方」，往往只是經其他公司研究並判斷爲利潤較差之處，以往曾有多家公司嘗試挑戰，結果都證實了無論如何就是行不通，於是便撤退了的痕跡。海再怎麼藍，若是連魚蝦甚至是浮游生物都活不下去的「死海」，那就一點意義也沒有了。

聚焦於差異化或市場區隔本身並非目的。能夠透過聚焦於差異化或市場區隔而取得競爭優勢，並提升獲利，該策略才算是有效。既然如此，那我們就必須判斷這樣的差異化及市場區隔眞的是可爲自家公司帶來利益的沃土，又或只是因找不到市場價值而被其他公司丟在一邊的荒地。

前述的SWOT分析也一樣。一九九七年，在泰瑞・希爾（Terry Hill）和羅伊・威斯布魯克（Roy Westbrook）以「SWOT分析：該是召回產品的時候了」爲題的論文中，提出了許多公司儘管透過SWOT分析找出各種因素（優勢及威脅等），但終究沒能有效用於經營上的論點。

運用SWOT分析等工具，不利也好、有利也罷，我們就能列出自家公司內外的各種環境因素。不過問題在於接下來，若無法得知各因素與利潤直接相關的程度，那麼任誰都無法判斷應該要多重視，又該如何反應至經營策略上。

當然，若是經驗豐富、直覺精準、又感覺靈敏的優秀顧問，光靠質化分析和矩陣便足以提出「良好的策略」；但才疏學淺的我們可沒這麼厲害。而且頭銜再怎麼大，要判斷初次見面的顧問眞是具備如此能耐的優秀人才，又或其實只是僅有履歷傲人的花拳繡腿，往往是非常困難的。

該怎麼辦好呢？本書所提出的答案非常簡單，就是要先瞭解與經營策略有關的既有理論，然後以這些研究證據爲基礎，對數據資料進行妥善的統計分析。如此一來，即使不才如我們，應該也能找出可獲利的策略，有時甚至還能獲得連優秀顧問都沒注意到的新發現呢。

4 波特的SCP理論

經營策略的理論背景①

經營策略的代表性理論

與經營策略有關的理論，光是過去一百年左右的歷史就足以寫成一本書了，不過其中最具代表性的，多數人都認爲是由麥可・波特（Michael Porter）所提出的SCP理論。

他所寫的《競爭策略》是一本留名管理學史的名著，而他本人多年來也一直都是哈佛商學院的招牌教授。波特雖取得了哈佛大學的經濟學博士學位，但卻從經濟學領域中所謂產業組織理論的SCP模型獲得靈感，建立出就企業獲利而言重要的經營策略體系。

產業組織理論這個領域，是分析各產業之市場結構或競爭形態，以確認是否處於社會最佳狀態，亦即「最大多數擁有最大幸福」的狀態。若非處於此狀態，則考慮要用怎樣的規範及產業政策來調整。

而影響了波特的SCP理論的SCP模型，其縮寫來自於結構（Structure）、行爲（Conduct）、績效（Performance）這三個英文詞彙。在20世紀前半，以哈佛大學爲中心而被稱做哈佛學派的經濟學家研究社群，將產業組織的運作機制認知爲市場結構（S）→企業行爲（C）→爲這些所左右的績效（P）三部分。簡單來說，受此概念影響的波特之策略理論認爲，企業績效的好壞，其實在很大程度上是取決於企業行爲之前的「在怎樣的市場結構下做生意」這點。

而該時代的經濟學家們，之所以必須考慮對社會來說最理想的市場結構，想必和當時的歷史背景不無關係。約莫從19世紀中葉起，所謂托拉斯（Trust，即商業信託，是一種壟斷市場的形式）及卡特爾（Cartel，壟斷利益集團）等妨礙市場公平競爭的企業活動大行其道，讓部分企業大發利市。於是美國政府便制定了反壟斷法，這其實就是政府對非「社會最佳狀態」之市場結構所做的規範。不過另一方面，對企業家而言，做生意時沒有比無公平競爭的壟斷地位更好賺的了。

例如：在現代靠著經營石油公司發財的約翰・洛克斐勒（John D. Rockefeller）成了人類史上最頂級的大富豪，而在這過程中他所做的，就是併購競爭對手及簽署秘密協議、逼迫供應商降價等。這些動作在國內的石油相關市場中，替他旗下的企業集團（托拉斯）製造出獨佔性的市場結構，讓他成功、穩定地獲得了巨大利潤。

爲什麼壟斷就能大賺？主要理由之一就是可以自由操控價格。要在美國買煤油，只能跟洛克斐勒的公司買，這就表示——必須照他說的價格來買。若是在未被壟斷的公平市場中，其他競爭對手可用低於洛克斐勒公司的價格賣煤油，這樣（或許）會比較好賺，如此一來洛克斐勒也必須考慮降價；但若是壟斷市場，他就可以自由決定要賺多少利潤。

甚至不只是在賣方立場，就連在買方立場上亦可預期會有強大的議價能力。發現油田時，若有多方人士都有能力購買其地權並從中創造價值的話，土地的擁有者就可把地權賣給出價較高者。但要是賣的對象只有洛克斐勒一人，那就別無選擇，只能照他說的價格賣了。競爭對手越少，銷售額就能抬得越高，同時成本也能壓得越低，獲利當然就更容易了。

這樣的企業優勢與消費者劣勢可說是一體的兩面。當有多家企業進行價格競爭時，消費者就能用較便宜的價格買到相同品質的東西。相對於此，一旦因企業間的併購及協議而產生出壟斷型的市場結構，消費者就必須多花額外的錢去購買，這是對社會不利的。

因此，現在各國政府都採取，規範企業獨佔（壟斷）及寡佔的產業政策。過去，日本的軟體銀行集團不僅併購了美國的行動電信公司斯普林特（Sprint），還曾一度想將T-Mobile也買下，但最後沒能獲得美國監管機構的核准。這背後想必也存在著市場是否處於公平競爭環境的產業組織理論的觀念才是。

相對於經濟學家們考慮到「社會整體的最佳狀態」而促進公平競爭的想法，由波特所提出的概念轉換，則是反過來站在企業的立場思考策略，亦即若要有效提升績效（Performance）的話，就在行爲（Conduct）之前，想辦法於不需競爭的市場結構（Structure）裡做生意就好。

當然洛克斐勒的做法已被法律所禁止，但波特指出，若能夠在未被禁止的、公平的企業活動範圍內，取得相對於銷售對象或供應商等市場環境之優勢地位，這就會是能夠賺錢的經營策略。

簡單漂亮的五力分析

爲了以這樣的ＳＣＰ理論爲基礎來建立經營策略，波特創造了「五力分析」。在《競爭策略》一書中，波特將市場環境分成五大元素，除了競爭對手（Competitor）、原料供應商（Supplier）的議價能力、購買者（Buyer）的議價能力之外，再加上尚未進入市場的潛在競爭者（Entrant）和替代品（Substitute）的威脅，並說明這些元素是如何分別發揮了削減公司利潤的力量。

其細節介紹已超出本書範圍，不過，在此還是將如圖表1-4所示的五力簡單解釋如下：

在同一產業內的競爭越少越好，因此競爭對手少、沒什麼高佔率的競爭對手存在，且容易做出差異化的市場較爲理想。否則，就容易陷入價格及設備投資的競爭之中，導致獲利不易。

而此競爭的激烈程度，也會受到銷售對象及供應商和自家公司間的關係影響。他們的議價能力越強，我方不得不讓步的狀況越多，採購成本就會越高，售價不得不降低，於是利潤自然就難以提升。

圖表 1-4 波特的五力分析

此外，對於目前銷售中的商品，就算已和競爭對手及供應商、購買者的關係達成平衡，也不能就此心安。因爲可能會有其他企業進入此市場，若是在設備及研發、品牌塑造方面的投資，以及還有政府規範等方面沒有什麼阻礙的情況下，自家公司的優勢策略馬上就會被模仿，競爭很快會越演越烈，利潤終究會被削減。

或者就算不是完全相同的商品，若有能替代自家公司所提供之價值的產品存在，利潤還是可能因競爭而被削減。例如：即使在口香糖市場擁有壓倒性的市佔率，也建立了強力的品牌形象，並且掌握銷售通路，但若顧客喜歡上能滿足同樣需求（消除嘴饞問題、讓口氣清新等）的薄荷口含錠的話，這家公司的生意就會受到威脅。

依此五大元素來檢視競爭環境，然後思考今後到底該主力賣什麼——這就是波特的五力分析。

波特的這種與前述的PPM等具一貫性，也很符合經濟學的觀念，更重要的是既簡單又漂亮，因而得以廣泛普及。

日本企業的發展反駁了波特的理論

不過，波特的想法亦有其侷限性。即使透過五力分析找到了很好賺的市場，仍有可能無法輕易進入該市場。畢竟在該定位能持續獲利的理由之中，除了成本、技術等部分，也包含了許多公司都難以進入這點。若自家公司也只是「無法進入的眾多企業之一」，只能羨慕不已地看著幸運站穩地位的公司賺大錢，那麼五力分析什麼的，做了也是白做。

更何況在歷史上，於一九七〇～八〇年代的日本，就曾實際出現過顯然無法以波特理論解釋的成功企業。

那個時期，像豐田和本田等日本汽車製造商，都開始全面進軍美國，也包括在當地生產製造。當時的美國汽車市場已經飽和，成長性低，且福特和ＧＭ、克萊斯勒等強力競爭對手掌握了相當高的市佔率。那時日本的汽車製造商雖已將自家產品出口至美國市場，但光是企業規模就和美國的競爭對手差了幾十倍，在這樣的狀況下，當然也很難期待對零售網路等能有什麼議價能力。

不論對ＰＰＭ還是波特的五力分析來說，這都是毫無希望的狀態。然而，就如現代的我們已知的，日本汽車製造商後來成功侵蝕了美國市場，甚至發展成所謂日美貿易摩擦的外交層次問題。

另外，還有原本僅是區區一相機製造商的佳能（Canon），竟成功打入具壓倒性市佔率及專利的全錄公司（Xerox）所掌控之商用影印機市場的例子。此例應該也不是波特會建議的策略，但實際上卻大獲成功。

那麼，對於波特ＳＣＰ理論的這種限制，我們該如何思考才好呢？

其答案就在於著重與波特不同面向的另一種經營策略理論。

5

經營策略的理論背景②

經營策略理論的合適性問題

著眼於企業內部優勢的傑伊．巴尼

與波特ＳＣＰ理論的限制互補而備受矚目的，就是「能力（Capability）」，亦即著重於企業內部優勢而非外部環境的經營策略思考方式。以傑伊．巴尼（Jay B. Barney）等爲中心所研究出的所謂「資源基礎觀點」（ＲＢＶ：Resource Based View），是其中最具代表性的理論之一。

巴尼等人認爲，各企業的獲利能力差異，可由其所擁有的資源及用法來解釋。

經濟學是將資本、技術、人才、原料等資源和產出價值之間的關聯性，以生產函數的概念來理解，而巴尼等人則認爲將重點放在資源部分，應該就能建立出良好的策略。

此外，在RBV理論中，資源被分爲資本及工廠等有形資產、品牌等無形資產，還有能力（人才與技術等）共三大類，而各個資源都可帶來競爭優勢，若能予以妥善運用，企業就能夠持續獲利。

前述的日本汽車製造商們便是有效運用了工業機器人及統計品管，其生產台數雖低於福特（從規模經濟的角度看來是不利的），但卻具有以低成本生產出高品質汽車的能力。而佳能則是在生產相機的過程中，發展出了完全不碰全錄公司專利仍能做出廉價影印機的能力。這樣就能解釋，爲何對波特來說的愚蠢魯莽的策略，竟然也能成功了。

另外，巴尼還提出了一種稱爲VRIO的架構，可用來確認企業所擁有的資源是否左右了其競爭優勢。VRIO是由Value（對顧客而言的經濟價值）、Rarity（其他公司很難取得的稀有性）、Imitability（其他公司是否難以模仿）、Organization（組織是否能有效運用各資源）這四個英文詞彙所組成的縮寫。

雖說SWOT分析等也會列出自家公司的優勢與劣勢，但VRIO架構可說是

圖表 1-5　VRIO 架構

經營資源為…					
有價值（V）	稀少的（R）	模仿成本高（I）	組織恰當的（O）	競爭優勢	優勢／劣勢
No			No	競爭劣勢	劣勢
Yes	No		↕	競爭均勢	優勢
Yes	Yes	No	↕	暫時性的競爭優勢	獨特的優勢
Yes	Yes	Yes	Yes	持續性的競爭優勢	持續性的獨特優勢

能夠更進一步地仔細判斷，自家公司所擁有之資源，到底屬於優勢還是劣勢。依序確認各資源是否符合V・R・I・O等條件後，便可判定該資源到底算劣勢還是優勢？若爲優勢，那麼是否爲自家公司所特有之優勢？是否能夠持續創造出競爭優勢？……等等（如圖表1-5）。

波特與巴尼，誰才是對的？

那麼，到底像PPM或波特那樣著眼於外部環境，總之鎖定有利可圖之市場定位的想法是好的策略？或是像巴尼等人那樣，重視自家公司優勢，並思考該如何充分加以利用的方式才是好的策略呢？

這兩個陣營之間也曾有過相當激烈的辯論，但根據早稻田大學商學院的入山教授所述，現代管理學家們的答案似乎是：「兩者都重要，要視狀況而定。」

其實，巴尼本人並不覺得自己的「資源基礎觀點」絕對正確，他認爲在進入門檻高、難以做出差異化、有三家左右的大公司握有大部分市佔率的市場中，依波特所說的去考量與供應商及購買者間的力量平衡會比較好。例如：鋼鐵業就屬於此類。

而應著眼於企業資源的，則是像日本家電業之類進入門檻低、較容易做出差異化的市場。若差異化很重要，那就比較有空間能以設計能力或特殊技術等優勢來拉大獲利差距。

另外，還有一種是早在進入門檻或差異化之前，問題在於環境變化速度太快的市場。巴尼認爲在這樣的環境中，不論是波特還是自己的理論，似乎都不太派得上用場。因爲環境若是很快就改變，那麼自家公司與交易對象間的力量平衡、在市場中具價值的企業優勢等也會很快改變。

近年來興起的ＩＴ市場恐怕也屬於此類。例如：日本電器公司（ＮＥＣ）於一九八〇至一九九〇年代，在日本國內的個人電腦市場握有很大的市佔率，於二〇〇〇至二〇〇五年左右，也在手機市場掌握了相當大的市佔率。依照波特的說法，該公司想必是充分利用了規模，同時也掌握了成本優勢與銷售通路；而依照巴尼的說法，該公司應是具有可開發、製造高品質之電子產品，這種其他公司難以模仿的能力。但現在，NEC的個人電腦事業已賣給中國的聯想，智慧型手機事業也因跟不上競爭，而在企業分拆後宣告退出市場。這原因就在於，技術的進步和市場環境的變化過於快速，不論市佔率還是能力價值，突然之間就不再是競爭優勢了。

對此，波特和巴尼都束手無策，但有一種爲史蒂夫・布蘭克（Steve Blank）所實行的解決方案被揭示於《精實創業》（艾瑞克・萊斯（Eric Ries）著）一書中。布蘭克是一位在矽谷具有八次創業與四次上市經驗的企業家，而此書之理念堪稱快速變化市場的代表，獲得了矽谷新創公司們的大力支持。據說，其背後有著徹底排除「無法提升附加價值之現象及結果」的豐田式生產哲學存在，基於除去了贅肉之意，故以「Lean」（精瘦）這個字來表現*。

依照《精實創業》一書的想法，創業時首先該做的，是製作出「最簡可行產品」（Minimum Viable Product，有時也簡稱爲MVP）之原型，並驗證它是否眞能爲顧客帶來價值。這MVP可以是內部裝置外露的醜陋試作樣品，也可以是只有外觀，但內部非程式亦非機械，而是由人力運作的物件。重點在於，盡可能快速測試最該驗證的構想。

與豐田式生產的統計品管一樣，在MVP的驗證方面，應該也是進行A／B測試（亦即隨機對照實驗）與統計分析就行了。接著，在反覆試作與實驗的過程中，若覺得似乎可行，便可開始提高產品的完成度，並投入行銷預算等，正式上場一決勝負。不然，他們就會進行名爲「軸轉（pivot）」的轉換方針行動。

軸轉一詞，也用於表達持球走三步以上即犯規的籃球運動中，「以一隻腳爲固定軸心，只移動另一隻腳」的一種技巧。在籃球規則中，只要不移動軸心腳，再怎麼反覆軸轉都只算一步。而同樣地，在精實創業的觀念裡，則是建議以「顧客及販賣方式」爲固定軸來改變產品；或是在固定產品的狀態下，改變顧客及販賣方式等，慢慢地軸轉策略，藉此逐步看清自己所該聚焦的策略。在變化迅速的市場中，正因爲技術價值與顧客需求等的不確定性非常高，所以這種基於數據資料的快速試誤法（trial and error）就變得格外重要。

＊注解：其原文書名為《The Lean Startup》。

以上，便是管理學家們所謂的「視狀況而定」。但即使你都看懂了，對現在就必須想出自家公司策略的我們來說，這並沒有提供任何如「該選擇怎樣的市場？」、「該聚焦於自家公司的哪些能力？」或「該做什麼樣的MVP並測試？」等線索。

這些線索，不是由管理學家們所提出的理論，而是由實證分析，亦即透過眞實的企業數據進行統計分析來獲得。

經營策略的統計分析史

由前喬治城大學教授羅伯特・格蘭特（Robert Grant）所寫的策略理論教科書《現代策略管理》，據說常爲歐美各國的商學院所採用。由於該書中提到與策略理論有關的實證研究，故讓我在此稍微介紹一下。

對波特與巴尼何者正確之實證研究觀念造成很大影響的，是由美國麻省理工學院（MIT）的理查・舒姆蘭齊（Richard Schmalensee）於一九八五年所做的研究。他運用一種以往很少用於管理學領域的所謂「變異量成分分析（variance components analysis）」手法，來分析美國的製造業數據，釐清了「屬於哪個產業類別？」（產業因素）和「市佔率的大小」能夠對各企業之資產報酬率（Return on Assets，ROA）的變動性，做出何種程度的解釋。

變異量成分分析這個統計手法，聽在各位耳裡應該是相當陌生，關於其內容細節，就留待章末的補充專欄再做說明。

而直接就結論來說，他證實了光是產業因素，便解釋了19．6％的資產報酬率變動性。另一方面，市佔率大小對資產報酬率的解釋力卻只有0．6％，這暗示了各個企業與其努力爭取市佔率，選擇要在怎樣的市場上競爭其實更爲重要。

此一結果給了波特的SCP理論強力的支持。

如果資產報酬率在很大程度上取決於產業因素，那麼企業就該趕快賣掉不賺錢的事業，然後將資金投入至賺錢的事業，這樣所獲得的報酬才會比較大。

然而，之後的研究卻出現與此相反的結果。

在舒姆蘭齊之後，加州大學洛杉磯分校（UCLA）的勒默特（Richard P. Rumelt）與德州理工大學的羅切貝魯特等人，還有波特本人與多倫多大學的麥加罕所合作進行的研究等，都運用了各種數據資料來處理這個問題。而他們的研究結果

圖表 1-6　產業因素與企業因素對業績的解釋力（主要研究）

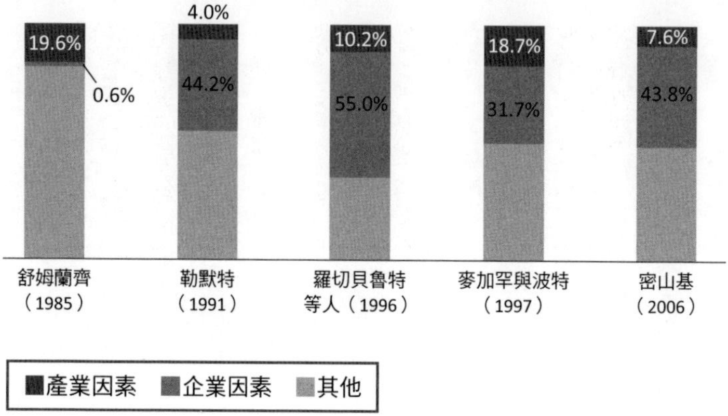

可整理成如圖表1-6。

簡單來說，產業因素的解釋力最多只有2成左右，企業因素爲3~5成，而且即使是在同一產業中的同一企業，也會有3~5成的獲利能力是被時代變化等「其他因素」所左右。

看到這裡，各位或許會覺得這些都是國外的資料，日本企業不知情況如何？當然，也有針對日本企業的研究結果存在。NLI研究所的小本先生從一九九九年到二〇〇六年爲止，在該期間連續以持續上市於東京證券交易所的1091間企業的數據資料來進行變異量成分分析。結果發現，產業因素和企業因素分別解釋了5.5%和51.0%的資產報酬率變動性。

圖表 1-7　產業因素與企業因素對資產報酬率的解釋力（日本企業）

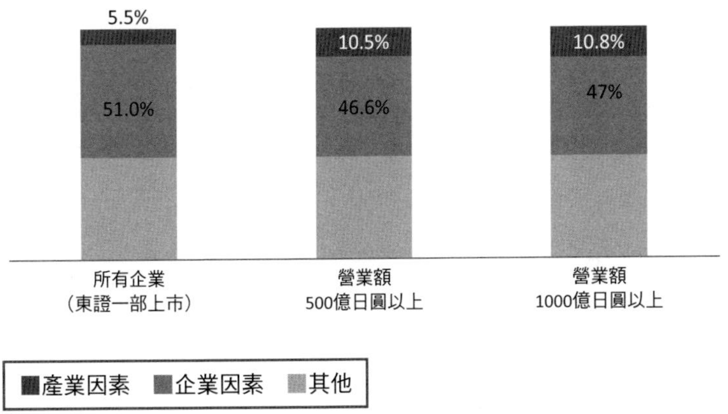

此外，他還進一步針對這1091間企業中，營業額在五百億日圓以上或一千億日圓以上的大型企業，進行同樣的分析。就這些大企業來說，儘管產業因素的解釋力比較高，企業因素的解釋力稍低了一些，但並未顛覆企業因素較爲重要之結論（圖表1-7）。

當然，這些只是「製造業的整體平均」及「東證一部上市企業的所有產業平均」的結果。就像巴尼所說的，依產業的競爭結構不同，產業因素的影響力也可能增加。儘管已知道企業因素很重要，但我們目前仍無法確定只要提高哪種能力並予以充分發揮就能獲利。

管理學家所關心的，很可能只是一般來

說產業因素和企業因素何者重要而已。在學術上，這或許是非常重要的問題，但我們想知道的並不是這種「一般性的原則」。我們想知道的是，自己所任職的公司，或是來委託我們的公司，該採取什麼樣的策略才會賺錢？

那麼，該怎麼辦好？

答案就在於本書所提議、可讓非管理學家的我們找出有利可圖之經營策略的統計分析程序。

6

針對經營策略的分析步驟①
設定分析的目標對象

統計學式的策略制定方法

本書所建議的，是「依據自家公司情況來改造管理學家之既有研究」的做法。將數據資料縮限於自家公司目前所在或將來可能進入的領域，然後分析其中到底有哪些因素對獲利能力有影響。而這些因素包括了屬於哪些產業分類的所謂「產業因素」，也包括具備了哪些資源、能力的所謂「企業因素」。經過這樣的分析，應該就能獲得自家公司該怎麼做才能增加收益的具體策略線索。

此分析可實際依如下的步驟進行：

1．設定競爭市場的範圍與所分析之目標對象。
2．思考應分析哪些變數。
3．收集必要的數據資料。
4．分析並對分析結果做出解釋。

接著，我將逐一解說各個步驟，而在進行針對經營策略的分析時，首先該考慮的是「要如何劃定自家公司所競爭的市場範圍」。與自家公司性質完全不同的企業因不同理由而成功的資訊，雖可做爲參考，但卻無法立刻派上用場。

分析的目標對象，應該要是自家公司以及「自家公司所在市場內的其他競爭對手公司」，最少要有幾十家左右（最好有數百家以上）。而依據這個「自家公司所在市場」的定義不同，所得到的分析結果及所導出的結論也會大不相同。

橫向的市場分析

在考慮此市場劃定方式時，我們經常會利用如日本經濟產業省（相當於台灣的經濟部），所做的企業活動基本調查等官方統計資料中的標準產業分類。雖說此分類每隔幾年就會隨著日本或全世界的產業結構變化而重新修訂，不過，所謂的「日本標準產業分類」，是以企業爲主體，將企業所應隸屬的產業類別公開標準化，其中還細分爲大分類、中分類、小分類、細分類等不同層次的類別。

這些可做爲參考，但並非應絕對遵循的分類。標準產業分類具有不易受分析者之自由意志影響的優點，此外，以是否屬於同產業的小分類（或細分類）、是否販賣具類似功能之同類商品的觀點，來理解直接競爭環境，當然也非常重要。然而，若不思考自家公司所提供之商品或服務的眞正競爭對象，就很難適當地評估與五力分析所說的替代品及潛在競爭對手間的競爭。

在這種情況下，若能更廣義地，或是抽象地重新理解自家公司所提供給顧客的價值，應該就能看見完全不同的競爭環境。

舉個例子，假設有一家企業是以製作及販賣商用套裝軟體爲主要業務，而這些軟體是用來提升企業的會計工作效率。亦即他們在標準產業分類中，是屬於「資訊服務業」裡的「軟體業」下的「套裝軟體業」細分類。說到屬於此細分類而且也是製作並販賣會計相關軟體的敵手，此企業的許多員工們應該都能立刻想到幾家競爭對手公司才對。

但這麼狹隘的理解方式，有時或許並未正確掌握到眞正的競爭環境。經由其軟體所提供的「會計工作效率化」這一價值，很多其他的公司也都有提供。

例如：就算不買既有的套裝軟體，只要去找屬於「委託開發軟體業」的公司，應該也能從零建立起公司內部的會計系統，而將會計工作外包給某家會計師事務所或許也行得通。另外，還可聘請顧問來改善會計的作業流程，或是找外部講師來教授會計工作的培訓課程等。

甚至理論上，會計工作的效率化，不過是提升後勤部門生產力這個大目標中的一環，若更換各種工具設備或複合式印表機等，比起引進會計軟體更能提高生產力的話，顧客的預算可能就會被辦公設備製造商給分食。

這就是波特的五力分析中所謂的「替代品的競爭」。

再怎麼於同一產品內擁有壓倒性的市佔率，一旦會因爲來自替代品的壓力而折腰，就很難稱得上是容易獲利的定位了——這便是波特的想法。所以一開始就必須針對同樣的需求，將替代品也視爲競爭對手才行。

圖表 1-8　美國汽車業界的利潤池映射圖

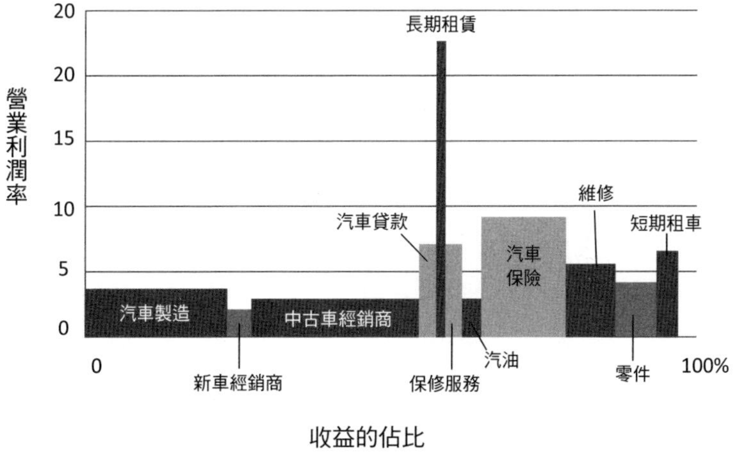

縱向的市場分析

以上是朝橫向擴大市場範圍的觀念，而我們應該也可朝縱向擴大市場範圍。

例如：知名的貝恩策略顧問公司便提出了一種爲名「利潤池映射（Profit Pool Mapping）」的觀念。

圖表1-8是針對美國汽車產業所繪製的利潤池映射圖。圖中將從生產製造至服務所產生的所有收益依領域分割（橫軸），並列出各收益分別帶來多少營業利潤率（縱軸）。由此看來，新車銷售的利潤率很低，只佔了整個汽車產業收益的一小部分。那麼在此情況

下，怎樣的策略才能讓新車銷售更賺錢呢？自行提供汽車保險及維修服務（垂直整合），以較容易接觸新車購買者爲競爭優勢，或許是不錯的辦法。

而以剛剛套裝軟體公司的例子來說，上游有提供程式設計師的人力資源公司（包括派遣及跳槽等），下游則有爲了將套裝軟體引進至公司內部系統的系統整合商，還有身爲軟體使用者的會計師事務所，可承包某些企業的會計處理工作等各種價值創造方式。

就像這樣，考慮的不是與替代品間的競爭，而是把對市場範圍的認知，擴大爲從上游至下游的整個垂直過程中，自家公司產品所產生的價值，然後再思考其中左右了獲利的主要因素到底是哪個就行了。

另外補充一下，像這種擴大考慮市場範圍的概念，在金偉燦和勒妮·莫博涅所寫的《藍海策略》一書中，也有被強調並統整出來。該書提到，不只是同一業界內採取不同策略的企業集團，我們還應將範圍擴大至替代產業（橫向），以及互補性商品和服務的產業（縱向），並從中學習。

例如：「黃尾袋鼠（Yellow Tail）」這個葡萄酒品牌，便參考了啤酒和調酒等其他酒精飲料市場，因而了解到「果香圓潤且簡單易懂」的商品，正是在此市場中

圖表 1-9　市場的劃定模式示例

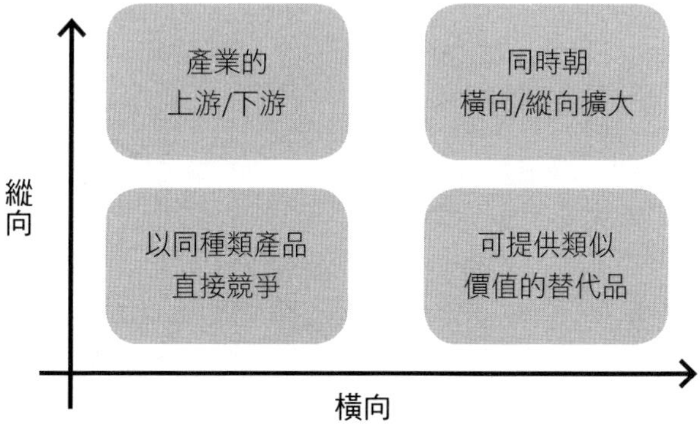

成功的關鍵。而到目前爲止，他們的這個策略似乎進行得相當順利。若各位有興趣深入瞭解此觀念的話，請務必繼續閱讀本書。

總結上述概念，就如圖表1-9所示，至少會有四種市場劃定模式，或者四種目標對象定義。

一種是針對同種類產品，在直接競爭的市場內找出左右獲利的因素，由此應能獲得最具體且直接的改善獲利線索。而若是朝橫向、縱向，甚至同時朝橫向與縱向擴大市場範圍的話，則可能有機會發現應運用自家公司資源跨入的全新領域。

但不管怎樣，你都必須鎖定最少幾十家的競爭對手來做爲分析的目標對象。

非連續型的市場分析

不過，這些都是基於自家公司目前的業務及資源，爲的是進行連續且緩慢的策略修正，而「難道不能利用自家公司資源，進入好像很賺錢的其他產業」這類想法，則可能創造出非連續性或創新的策略。

例如：依據前述由日本經濟產業省所做的企業活動基本調查，具較高獲利能力的前20名產業分類，如圖表1-10所示。

網路附屬服務業的報酬率明顯最高，接著是汽車製造商等的交通運輸設備製造業，其他還有家具的零售和礦業、醫療及化妝品零售業、商用機器設備製造業等，都顯示出較高的平均報酬率。

若有發現資產報酬率明顯高於自家公司，且「與自家公司資源的相容性不算太差」的產業，那就值得考慮是否要進入該市場。

像富士軟片當初若是堅守傳統策略，執著於照片及印刷等市場的話，很可能就會因數位化替代品的壓力而陷入窘境。但他們卻選擇利用自身所具備的化工能力，進入了醫療及化妝品等全新且報酬率高的領域。至少就目前看來，這項策略似乎很

圖表 1-10　西元2013年度產業別資產報酬率（前20名）

排名	產業分類	2013年度的資產報酬率
1	網路附屬服務業	9.7 %
2	交通運輸設備製造業	6.3 %
3	家具、門窗、日常用具零售業	6.3 %
4	礦業及土石採取業	6.1 %
5	醫療及化妝品零售業	5.5 %
6	商用機器設備製造業	5.2 %
7	學術研究及專業、技術服務業	5.1 %
8	橡膠產品製造業	4.8 %
9	化學工業	4.6 %
10	個人教學	4.6 %
11	生產用機器設備製造業	4.5 %
12	菸酒飲料、飼料製造業	4.3 %
13	影視製作業	4.3 %
14	汽車批發業	4.0 %
15	資料處理及資訊供應服務業	3.9 %
16	其他的機器設備批發業	3.8 %
17	紡織、服裝、個人用品零售業	3.8 %
18	無店鋪零售業	3.8 %
19	木材及木製品製造業（家具除外）	3.6 %
20	生活相關服務業、娛樂業	3.6 %

有效。

不過，在因報酬率似乎很高所以想進入之前，最好還是先摸清楚該產業周邊（亦即也包含剛剛所說同時朝縱向、橫向擴大的領域）左右了其獲利高低的因素，再考慮是否真要進入會比較好。

舉個例子，同樣據日本經濟產業省之統計，報業在二〇一三年度的資產報酬率僅有2．1％。任誰都想得到他們或許該利用報紙的內容優勢，進入報酬率較高的網路附屬服務業，而實際上很多報社也確實正朝著此方向努力中。

但只要實際分析此網路服務業界周邊「左右了其獲利高低之因素」，應該就會知道自家公司的優勢與該業界的相容性如何。

例如：經分析後可能發現，其實只有提供虛擬寶物收費型線上遊戲（亦即所謂的社群網路遊戲）的企業大幅拉高了報酬率平均值，若排除這類公司，其他公司的平均報酬率或許並沒有那麼高。

若是如此，那麼除非是要開發並營運社群網路遊戲，否則並不建議進入此領域。此外，持續自行生產內容這個因素不僅對提升報酬率的影響不大，甚至還可能有負面影響。在這種情況下，所謂多少利用一下自家公司的新、舊文章……這種人人都想得到的策略就出現了問號。

而若「是否擁有從數據收集到廣告最佳化的統一廣告平台」這點，會對網路服務相關的報酬率帶來很大正面影響的話，情況又是如何？

這時，比內容更值得利用的重要資源，或許其實是包含報紙版面及夾報傳單等在內的非網路廣告媒體優勢才對。

7

針對經營策略的分析步驟②
思考應分析哪些變數

決定了做爲分析之目標對象的市場，或是該市場中企業的條件後，接著要考慮應分析的解釋變數。也就是要針對應重視的重要競爭資源等，或許可解釋各企業之獲利能力差異的因素，去收集各種想法。

此時，你可能會和老闆及同事討論：「在這個業界賺錢的重要條件是什麼呢？」「想必是銷售力吧！」像這樣在會議室裡進行腦力激盪當然也是個辦法，但這做法恐怕免不了會有缺漏。這時學者們收集可能的分析項目的方法，就很值得參考了，而他們的做法我在序章中也曾提過，就是研究設計的第一步驟——回顧以往的既有研究。

其實不僅限於學者，對所有試圖透過資料分析來創造某些價值的人來說，這都是個重要的共通觀念。將收集的資料、數據，處理成可分析的狀態，再將實際分析結果做成漂亮的報告，是要花上不少力氣的；但若最後只得到稍微用Google學術搜尋一下，並把重要部分翻譯出來就有的資訊，企業將蒙受相當於你的人事費用的損失。

當然還有更慘的，那就是連用Google學術查一下就知道的資訊都沒得到。都用上大數據了，卻只能做出「以性別來比較」、「依年齡來比較」之類的慘況，我可是見過不少。既然都要花力氣做分析了，就該盡可能將事前的文獻調查做好，這樣才能找到世上還沒任何其他人發現的成功關鍵。

針對商業人士的系統性回顧入門

基於上述原因，學者們在做文獻調查時，都會運用一種稱爲「系統性回顧（Systematic Review）」的手法。近年來，除了Google學術外，還有很多其他的學術論文資料庫，而針對這些資料庫決定出某些特定的搜尋詞彙，還有出版年份及參考文獻、所刊載之雜誌名稱和出現在論文標題中的單字等條件後，便可將符合條件的論文全都收集、整理出來。這樣就能找出這世上存在有哪些研究、目前已知道哪些事實。

我深深理解，要叫忙碌的商業人士做這種工作，說有多殘忍就有多殘忍，但若是參考已由研究人員實際完成的系統性回顧，我想應該對很多人都有幫助。

例如：在Google學術中輸入「"resource based view"」和「"systematic review"」等字串來搜尋的話，找到的第一筆資料應該是維拉諾瓦大學的斯科特・紐伯特（Scott L. Newbert）於二〇〇七年所提出的論文（如圖表1-11）。這是紐伯特從國際商學（ABI/Inform）和經濟學（EconLit）這兩個資料庫，抽出包含Resource Based View或RBV這些關鍵詞的資料，再篩選並統整其中以競爭優勢及業績相關之實際數據進行統計分析的55篇論文而成。

就Google學術的資訊看來，它已被超過一千篇的論文所引用。此外，在Google學術上還可直接瀏覽原文的PDF，若是不怕英文的話，建議您務必一讀。

對不擅長英文的人來說，系統性回顧論文的優點是，有益的資訊往往會以表格的形式被整理出來。這篇論文將影響業績的因素分成資源（Resource）、能力

圖表 1-11　Google學術的搜尋結果

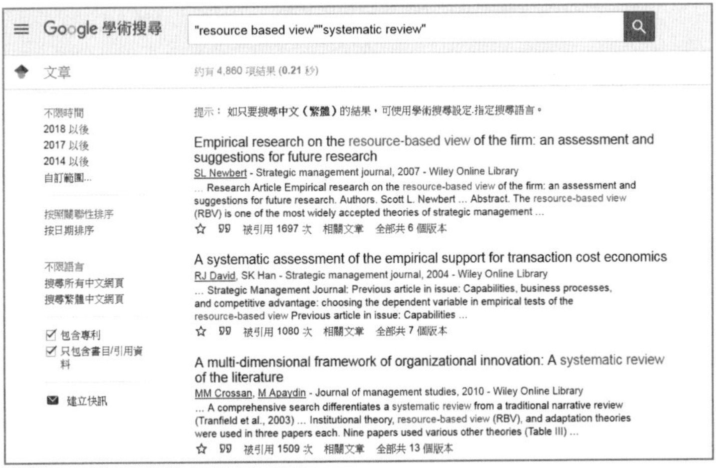

（Capability）和核心競爭力（Core Competence）三大類，然後把分別有哪些種類的因素出現在被回顧的55篇論文中，以及不同條件的幾項分析（統計假設檢定）結果，對業績具正面影響的有幾個（是多少%）等資訊，整理成Table4.。

在此摘錄最前面與資源有關的部分，如圖表1-12所示。表格中最左欄寫的是英文，但在日本，商務上也經常以片假名的外來語表示。Human Capital就是人力資本，Knowledge是知識，Experience是經驗，這些詞彙對現代的商業人士來說應該不難理解。

圖表 1-12　紐伯特的論文中的Table4

影響獲利的因素類型	包含該因素的論文數量	所進行的假設檢定次數	支持其有效性的數量	%
ReSource				
Human capital	7	33	11	33 %
Knowledge	6	46	9	20 %
Experience	5	15	5	33 %
Social capital	5	11	8	73 %
Innovation	4	10	7	70 %
Reputation	4	7	5	71 %
Service climate	3	15	6	40 %
Economies of scale	3	7	4	57 %
Financial	3	7	3	43 %
Culture	2	13	1	8 %
Physical	2	6	1	17 %
Entrepreneurial	2	5	1	20 %
Customer-related	2	4	4	100 %
Organizational	2	4	2	50 %
Racial diversity	2	4	0	0 %
Top management team	1	11	5	45 %
Property-based	1	8	6	75 %
Business	1	4	0	0 %
Environmental performance	1	3	2	67 %
Intangible	1	3	0	0 %
Managerial	1	3	1	33 %
Price	1	3	0	0 %
Tangible	1	3	0	0 %
Work-family policy	1	3	3	100 %
Technological	1	2	1	50 %
Tenure	1	2	0	0 %
Subtotal	32	232	85	37 %

Capability				
Human reSource	4	19	12	63 %
Innovation	4	8	5	63 %
Information technology	3	58	47	81 %
Technological	2	13	11	85 %
Entrepreneurial	2	7	5	71 %
Learning	2	5	5	100 %
Cost reduction	2	4	0	0 %
Product development	2	4	2	50 %
Quality	2	4	0	0 %
Client retention	1	3	2	67 %
Customer relationship buildong	1	3	3	100 %
Information acquisition	1	3	1	33 %
Knowledge	1	3	3	100 %
Market orientation	1	3	3	100 %
Negotiation	1	3	1	33 %
Specialization	1	3	3	100 %
Supplier relationship buildong	1	3	1	33 %
Title-taking	1	3	3	100 %
Communication	1	2	1	50 %
Distribution	1	2	2	100 %
Research and development	1	2	1	50 %
Ancillary	1	1	1	100 %
Change	1	1	1	100 %
Leveraging	1	1	1	100 %
Merger and acquisition	1	1	0	0 %
Medical	1	1	0	0 %
Pricing	1	1	0	0 %
Subtotal	19	161	114	71 %
Core competence				
Markrting	2	5	3	60 %
Technological	2	5	4	80 %
Architectural	1	8	4	50 %
Regulatory	1	4	3	75 %
Component	1	1	1	100 %
Integrative	1	1	1	100 %
Subtotal	3	24	16	67 %

除此之外，就都是數字了。即使看過其原文，大概也要相當熟悉統計學用語及管理學的實證研究類論文，才能理解原始表格中寫著「Tests」的部分代表的是「所進行的假設檢定次數」。但至少只要將最左欄的英文詞彙翻譯出來，應該就能得到一些已爲既有研究所探討、而值得我們注意的企業資源或能力相關構想。

當然在此階段，就構想而言，其抽象程度可能還很高。在與人力資本有關之資源和業績的相關性分析中，有三分之一是支持其有效性的。但儘管瞭解了這點，也無法具體知道是怎樣的人力資本優勢，對哪種業界的哪項業績來說很重要，又是在哪種業界的哪項業績上已經顯得很重要。若要弄清楚這些，就必須讀完所引用的55篇論文才行。

不過，若是以此爲討論的基礎，以此爲腦力激盪或進一步資訊收集的基礎，那麼就算英文再不好，一定也能發揮效果。

畢竟這些研究呈現的多半是歐美企業（尤其是美國）的實際狀況，不見得能直接適用於日本或其他國家的單一產業。例如：在美國，假設出現了Racial Diversity（種族的多樣性）有利於提升企業獲利能力的研究結果，也很難判斷這對日本企業而言是否也成立。

但儘管如此，以這些爲討論基礎絕對是有益的。光是把大家叫到會議室，從零開始討論「在此業界成功的重要條件是什麼？」這種主題，在大部分情況下，別說是人才（Human Capital）了，就連聲譽（Reputation）或取得工作和家庭間平衡的政策（Work-family policy）等觀點都不會出現。

然而，若是以這樣的清單爲基礎，逐一討論如「怎樣的人對我們這行來說是重要的人才？」等主題，或許就能得到「與媒體關係良好的公關人員」，或「擅長特定技術的工程師」之類的點子。

又或者把這主題反過來，討論「怎樣的人對我們這行來說很令人困擾？」的話，很可能會出現「雖接得到單但報價太低，以致於每次都虧本的業務員很讓人困擾」之類的意見。而由此應該就能逆向列出「不拼命亂接單，且能正確估算成本的業務員」，是左右了公司獲利能力的重要人才這種點子。

這時的重點在於，不能只依會議中的討論意見就否定某些想法，甚至直接斷定「那和業績不相干吧！」當然，像「經營管理者的星座」之類實在太扯的意見眞的沒必要加以分析，但基本上這時候該做的，是盡可能多找出一些後續分析所需的資料。

至於實際上到底和業績有無關聯？在分析結果出爐前就自作聰明地縮減可能性的行爲，往往只會捨棄掉可能的重要發現，這是非常可惜的。

除了公司內部的見解外，就更貼近我們周遭的專家意見而非遙遠國外管理學者們的看法來說，一般商業雜誌的文章和商管書應該也具有參考作用。

例如：在日本，從《週刊Diamond》、《週刊東洋經濟》、《日經Business》等一般雜誌到更專業的產業雜誌，評斷某家公司成功或失敗原因的言論在各種媒體上隨處可見。

近來，這些媒體的文章很多在網路上也都看得到，而有訂閱專業報章雜誌的企業更是不少。甚至只要去一趟附近的圖書館，就能找到一大堆這類過期雜誌來讀。雖說無條件地把出現在這些雜誌上的成功或失敗因素，全都加以實行多少有些危險，但若只是做爲一種假設，當成數據分析項目的一個構想的話，就不會有任何問題。

圖表1-13是我依據紐伯特的這篇論文，針對分析項目的發想，爲本書讀者們所特別製作的問題集，若能做爲貴公司或事業提升獲利能力之策略參考，本人將深感榮幸。

圖表 1-13　用於策略分析的問題列表

關於人才和組織
在此業界中，怎樣的人是能夠帶來利潤的重要人才？
在此業界中，企業或個人要有什麼樣的經驗才能夠帶來利潤？
在此業界中，企業或個人要有什麼樣的知識才能夠帶來利潤？
在此業界中，什麼人的哪種溝通能力能夠帶來利潤？
在此業界中，具備怎樣的組織特性能夠帶來利潤？
在此業界中，具備怎樣的員工多樣性能夠帶來利潤？
在此業界中，要支援什麼人的、怎樣的工作與生活平衡才能夠帶來利潤？
在此業界中，具備針對什麼人的、怎樣的雇用制度（終身雇用制等）能夠帶來利潤？
在此業界中，採取怎樣的人事制度能夠帶來利潤？
在此業界中，怎樣的經營團隊及其之間的關係能夠帶來利潤？
在此業界中，怎樣的服務氛圍（服務的企業文化）能夠帶來利潤？
在此業界中，怎樣的企業文化能夠帶來利潤？

關於財、物等有形資產
在此業界中，怎樣的財務狀態（現金流量和市值等…）能夠帶來利潤？
在此業界中，哪些東西（設備、人數、資金等…）具有越多利潤就越高的規模經濟效益？
在此業界中，擁有怎樣的有形資產（土地、機器、生產據點及所有權等）能夠帶來利潤？

可透過行銷等獲得的無形資產
在此業界中，爭取怎樣的新顧客或保有怎樣的老顧客能夠帶來利潤？
在此業界中，針對怎樣的人做怎樣的行銷能夠帶來利潤？
在此業界中，對哪些人具有怎樣的議價能力能夠帶來利潤？
在此業界中，於哪方面擁有怎樣的銷售通路能夠帶來利潤？
在此業界中，企業或個人要被怎樣的人如何地信賴，才能夠帶來利潤？
在此業界中，企業或個人要和顧客建立怎樣的關係才能夠帶來利潤？
在此業界中，只要哪些人和哪些人之間有怎樣的互信及規範、人際關係，就能為公司帶來好處？
在此業界中，擁有怎樣的無形資產（品牌以及與業務夥伴間的關係等）能夠帶來利潤？

關於策略
在此業界中，將什麼東西專門、特殊化能夠帶來利潤？
在此業界中，進行怎樣的併購能夠帶來利潤？
在此業界中，採取怎樣的定價、計費系統 能夠帶來利潤？
在此業界中，怎樣組合、整合哪些東西能夠帶來利潤？
在此業界中，受惠於怎樣的規範、規定能夠帶來利潤？
此業界中，對什麼東西如何地進行槓桿操作能夠帶來利潤？

關於技術與創新
在此業界中，擁有什麼樣的技術能夠帶來利潤
在此業界中，怎樣的產品開發能力能夠帶來利潤？
在此業界中，怎樣的產品與服務品質能夠帶來利潤？
在此業界中，於哪方面具有價格競爭力或降低成本的能力是能夠帶來利潤的？
在此業界中，具備或引進什麼樣的IT技術能夠帶來利潤？
在此業界中，具備怎樣的環保效能能夠帶來利潤？
在此業界中，為了使企業或個人創新以帶來利潤，有哪些是很重要的？
在此業界中，哪些人的、怎樣的創業精神能夠帶來利潤？
在此業界中，哪些人具備怎樣的學習力能夠帶來利潤？
在此業界中，獲得什麼獎能夠帶來利潤？
在此業界中，進行怎樣的研究開發能夠帶來利潤？
在此業界中，進行怎樣的改革能夠帶來利潤？

8 收集必要的數據資料

針對經營策略的分析步驟③

一旦大致確定該分析怎樣的資料後，就要實際開始收集可分析的數據了。

在此階段有兩個重要觀念，那就是「要盡可能使用客觀且正確的數據」，如果客觀數據難以取得的話，「包括主觀元素也沒關係，務必努力收集足夠的資料」。

首先從公開的客觀資料著手

先來說明第一個觀念。假設你想針對目標對象，亦即你所鎖定的一批企業，分析「賺錢者和不賺錢者的差異何在？」這時，你首先該掌握的是各個企業的成果，也就是將「有多賺錢」這項資料盡可能確定爲正確的數字。

若你所任職的公司或來委託你分析的顧客屬於重工業領域裡的大企業，那麼要正確掌握這個「有多賺錢」的數字並不困難。因爲這種企業該要參考的競爭對手大多是上市公司，財務數據都是公開的。

以日本來說，只要去Yahoo!的財金網頁或日本經濟新聞社之類的網站查一查，別說是最近一年的，甚至連過去五年、十年間的資產報酬率等經營指標都能夠確實掌握得到。

只評估單一年度的話，可能會因「恰巧那年推出了熱門商品」、「恰巧那年接到了一筆超大生意」；或者相反地，「恰巧那年因產品召回或災害而導致重大損失」等事件，才造成此經營指標大受影響。所以，在某個程度上採用三或五年間的平均值，應該較能正確代表這些公司到底「有多賺錢」。當然，收集太長期間的數據資料除了費時費力外，往往也會高估了「過去曾經一度景氣很好，但現在卻一蹶不振」這類企業的業績。

為何要以資產報酬率來代表「有多賺錢」？

在多種可代表「有多賺錢」的成果中，與舒姆蘭齊及勒默特等人一樣，我建議各位採用資產報酬率來分析，而這當然是有理由的。

若是用營業額的大小來分析，就可能把老是賠錢、虧本也賣的企業評價爲「會賺錢」。而若以營業利潤或經常利潤的絕對金額來分析，基本上會得到「總資產大的企業，所產生的利潤金額也大」的結論，但這種事知道了也沒什麼好高興的。怎樣可以運用現有公司的資產來賺更多錢，才是我們想知道的。雖說也有重視利潤的絕對金額本身，而非相對於投入資本之報酬比例的經營策略存在，但我們沒辦法從現在開始對該部分做重點式的投資。

因此，舒姆蘭齊和勒默特等人在研究經營策略的獲利能力時，用的都是資產報酬率。除此之外，也有管理學家使用「托賓Q法（Tobin's Q）」之類更專業的指標做爲成果來分析，不過，資產報酬率的數據資料較易收集，故特別適合本書讀者先試著分析看看。

另外，以新創企業爲目標對象時，由於需考慮的不只是當前的報酬率，還要加上市場對其未來潛力的預期，所以有時也會採用市值，做爲「可能會有多賺錢」而非「有多賺錢」的指標來進行分析。

當分析的目標對象包括未上市公司時

就像這樣，當競爭對手大多是重工業領域裡的上市大企業時，只要使用過去數年已公開之資產報酬率的平均值，做爲「有多賺錢」的指標即可。接著，便可分析另外收集來的各種經營資源之有無及多寡等資料，對此指標的影響程度。

但如果你是針對「發展於日本九州南部路旁的連鎖零售店」之類的市場研究獲利策略的話，該如何取得競爭對手公司過去的資產報酬率呢？

在此市場中，包括沒上市的公司在內，有藥妝店、超市、居家用品店等各種類型的零售店存在，它們之間多少有一些商品是互相重疊或彼此競爭的。雖說其中有些企業的營業額和利潤是高到上市也不奇怪的程度，可是會在自家公司網站等處公開營業額的，終究只是一小部分。

不過，關於地區型未上市中堅企業的資產報酬率到底是多少這點，這世上還是存在有客觀且正確的資料。

以日本來說，像在業務夥伴的信用調查方面，幫了許多企業大忙的帝國資料銀行，便一直持續針對日本各地包含未上市企業在內的諸多公司，收集各種財務數據。即使只是從網站上以一間公司幾百日圓的代價就能取得的資料，至少也能夠掌握單一年度的營業額和利潤，而若還可再多花多一點錢的話，便能取得更詳細的企業財務數據，甚至可進一步算出資產報酬率。

就算是針對重工業等大型企業的分析，有時藉由將自家公司的上、下游，以及處理替代品的諸多未上市公司都納入分析，或許會發現這類未上市公司其實默默地賺了很多錢，進而獲得與新策略有關的構想。

就像這樣，以公開資料搭配如帝國資料銀行之類公司所頻繁收集的數據，通常就能針對大多數的國內市場，取得相當正確的「哪家企業有多賺錢」的資料。

然後此成果會受到怎樣的企業屬性或經營資源的影響等，對於這些解釋變數，我們也同樣應考慮該如何盡量取得客觀且正確的資料。例如：員工人數及公司的成立年數、所屬的行業分類、主要的業務夥伴等各式各樣的經營資訊，也和營業額及利潤等一樣，應該都能透過公開資訊或帝國資料銀行之類的公司取得。

此外，雖然我先前說過營業額本身並不適合做爲代表「有多賺錢」的成果，但納入爲左右資產報酬率與否之解釋變數則無傷大雅。

如果「營業額越高，獲利也越多」的話，表示規模經濟正發生作用，這時或許就該採取不惜向銀行借錢也要擴大的策略。而「營業額越高，獲利卻越少」所傳達出的重要資訊則是別勉強擴大，應要維持適當規模並嘗試找出高獲利的差異化因素才好。

針對調查研究公司的聰明下單法

另外，像是對化妝品來說「就品牌形象而言給人怎樣的印象」，對餐飲業來說「是哪一點讓顧客覺得滿意」等，有些市場是普遍認爲，顧客的認知顯得日益重要。而在這方面，也不見得就沒有能盡量正確收集的資料存在。

在日本，像日經研究或Oricon等公司，便是以這樣的觀點，針對包含地區型中堅企業在內的眾多企業，持續進行相當大規模的調查，並對外販售這些調查資料。你以爲「應該沒有這種數據資料」，其實很多不同的調查研究公司都有在收集、販賣，你至少可以上Google去搜尋，或是詢問這類公司的業務窗口。

而在與調查研究公司聯繫上之後，和他們開會時，最好事先準備好要做爲分析目標對象的企業清單，並詢問「可針對這些企業，以統一格式（亦即針對所有公司同樣地）提供的數據資料有哪些？」

這樣應該就會知道，向他們買來的資料可用於哪些變數的分析，又或是無法分析哪些變數等。也就是說，若你想分析的目標企業的資訊大多都不存在，或是所調查的資料項目並不齊全，那麼這些資料就算買了，很可能對之後的分析也沒什麼幫助。

另一方面，這種被設定爲調查對象的企業群，都是經過一定的研究探討後，被判定爲「足以掌握市場全貌」的。因此，如果你一開始設定的目標對象和這些企業群差距太大，那麼也可考慮乾脆反過來，先用調查研究公司有資料的企業來分析看看。

或者，某些業界團體或特定業界的智庫也會定期進行一些資料統計，而這些資料多半只用於定期報告，你不妨詢問他們是否願意讓你使用。

經過了這些努力後，若還是「到處都找不到資料」的話，那就該自己動手收集資料了。

以前述品牌形象及顧客滿意度等「只要問消費者就會知道」的項目來說，若只是調查研究公司沒有你的目標對象企業的資料的話，那麼只要透過Macromill或樂天Research等網路調查公司讓數百~數千人回答，便能夠取得資料。

或者，若你想問的主要是地方上的老人，是無法期待調查對象會使用網路，那麼有時找成本較高、擅長傳統訪談的調查研究公司，可能會比找網路調查公司更好。

收集具主觀元素之資料時的注意事項

但其實會有困難的，是無法從外部打聽到的公司內部資訊。像是業務團隊強不強、組織文化是否開明通暢才得足以採納並立即實行年輕人的提案等，就連任何人都想得到「這便是爲何這家公司會賺錢」、「正是這點導致他們不賺錢」等因素的相關資訊，一旦試圖要收集，往往都會不知該如何是好。

這時，第二個觀念「包括主觀元素也沒關係，務必努力收集足夠的資料」就顯得很重要了。

所謂的「包括主觀元素也沒關係」，意思是「都被列爲重要的分析項目了，若只因無法取得客觀資料就放棄不用，是非常可惜的」。故即使多少有些主觀，還是要用來分析較好。例如：以最基本的資料收集方法來說，製作一份問卷，針對被列爲目標對象的競爭對手公司，詢問熟知該公司狀況的人「您認爲其業務團隊是否很強？」、「您認爲其組織文化是否開明通暢？」等，並採取五等級評分之類的回答方式應是可行的。

不過，你還是要努力使這樣問來的資訊能盡量正確、客觀。只問一個人的話，或許會因爲「有個自己討厭的人在該公司工作」等私人因素而造成答案偏頗。或者常在居酒屋裡嚷嚷著「公司都是靠我們在撐著！」的業務員，很可能會在有意無意中基於支持自身主張的立場，而對自己認識的賺錢企業做出「這家公司肯定也是業務能力很強」之類的過高評價。

因此若有可能，這種問卷調查最好要針對多名對象進行並取其平均值，或者也可針對問卷調查對象，盡量挑選對自家公司及目標企業來說，立場中立的第三方（專業報章雜誌的記者，或與各企業有業務往來的不同行業業務員等）。

如果從公司內部取得的答案和從外部取得的答案兩者傾向完全不同，那麼最好別勉強取用平均值，將之做爲「別的項目」來分析可能會比較好。而這些其實都是許多管理學家、社會科學家們經常採行的方法。

資料的統整方法

像這樣取得了有客觀也有主觀的資料後，最後就要以每列一企業的形式，將所有項目（直欄）完整無缺地統整成一張表格。

最常見的格式是在第一列寫上項目名稱，然後從第二列開始列出資料內容，由左起，第一欄爲各企業的專屬ＩＤ（可爲上市公司的股票代碼，或帝國資料銀行的企業代碼等），第二欄爲企業名，第三欄爲代表「有多賺錢」的資產報酬率，第四欄以後就逐一列出可能左右此獲利能力的各種解釋變數（如圖表1－14）。

倘若有某個格子「無論如何，就是無法塡入資料（也不是零）」的話，只要不會有太大影響，便可考慮將包含該項目的企業排除在外，不予分析。或者若該資料屬於非數字的質化資料（像是該產業的細分類等），那麼可多設置如「不適用」或

圖表 1-14　分析用資料的統整表格示例

企業代碼	企業名	資產報酬率	員工人數	・・・
4289538025	篠原工業	4.23%	628	・・・
6839174958	真鍋電工	-0.03%	713	・・・
7861986783	菱井工業	3.21%	1,210	・・・
・・・	・・・	・・・	・・・	・・・

「其他」等新的分類。而若是量化資料，則可暫且以其他公司的平均值或中位數（以1～5的五等級評分來說就是3）來填補。這些都是很適合非專業分析者採用的實際解決辦法。

此外，若想深入瞭解這種做法的問題及更新的統計手法，以日文書來說，可參考《不完全データの統計解析（暫譯：不完整資料的統計分析）》（岩崎學著，經濟學人出版）、《欠測データの統計科学（暫譯：缺漏資料的統計科學）》（高井啓二等著，岩波書店出版）等。

像這樣湊齊了數據資料後，我們總算可進入統計分析的階段，以找出「會左右獲利的企業屬性或競爭資源有哪些？」

9 分析與結果的判讀解析

針對經營策略的分析步驟④

這世上有許許多多的統計手法存在，若是要針對如本章的目的進行統計分析的話，初學者只要會用多元回歸分析就行了。

所謂的多元回歸分析，簡單來說，就是針對如本例的資產報酬率這種數量，找出哪個因素會造成什麼程度的影響，亦即一口氣分析多個因素與數量間的關聯性。

而本書中關於統計方法的說明，多半都摘自我的前一本著作《統計學，最強的商業武器【實踐篇】》，故想更深入瞭解的讀者們可參考該書。

圖表 1-15　交叉表列的圖表

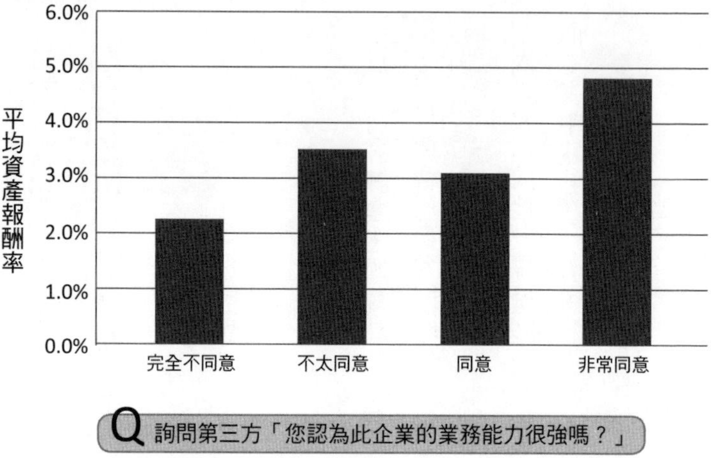

簡單的加總統計的兩個限制

假設不懂多元回歸分析的眾多商業人士們，爲了驗證業務能力高低和獲利是否有關聯性這一「假設」，而進行了數據資料的加總並畫出柱狀圖（如圖表1－15）。

此圖表所顯示的是，針對各目標對象企業，以公正的第三方爲調查對象詢問「您認爲此企業的業務能力很強嗎？」再以調查結果爲基礎將企業分組，並求出各組企業之資產報酬率平均值的結果。相對於被評爲「完全不同意」的群組平均只有2%左右的資產報酬率，被評爲「非常同意」的群組則顯示出了近5%的資產報酬率。由此便推導出，業務能力正是在此市場中成功的關鍵，具備強而有力的業務團隊就是提高獲利的良好策略這種結論。

但這樣的簡單加總統計至少有兩個問題點存在。

一是耗時費工的問題。先前，本章已介紹過如何聚集前人智慧，以找出自己可能連想都沒想過的大量解釋變數。若是依此程序進行，則解釋變數的數量可能多達數十～數百個。

能找出這麼多變數固然可喜可賀，可是要在Excel裡匯總幾百次的話，到底得按幾次滑鼠鍵才夠？而且就算利用巨集之類的功能來提高效率，還是得看好幾百張圖，結果看完了「也不知哪張圖才重要」，終究是無法發揮數據資料的價值。

畢竟我們想知道的是「在統計上具可信度，足以解釋獲利差異的解釋變數」，若採用本書所介紹的多元回歸分析，則不論可能的解釋變數有數十個還是數百個，你都能從中篩選出在統計上具可信度的獲利相關變數。

第二個問題則是，我們無法判別以簡單加總所找出的差異是否爲眞正的原因。舉例來說，雖然看了圖表1-15後，我們推導出「業務能力的高低會左右獲利」此一結論，但也可能只是因爲在某個程度上，營業額高的企業有多餘的現金可強化業務能力罷了。

也就是說，原本重點在於「賣得好，規模經濟便發揮作用，獲利就提高」但其實也有可能只要公司達到一定規模，不用花太多力氣在業務銷售上，獲利也會提高。這樣就變成「營業額高的公司獲利也好，通常業務能力也會比較強（就某個程度來說是一種浪費）」，於是便得到了表面上看來「業務能力強的公司，獲利也高」的圖表。然而，營業額低的小公司就算拼命強化了其業務能力，獲利可能也不會有太大改善。

但多元回歸分析這類多變數分析手法，能夠以「假設其他解釋變數的條件固定不變，此解釋變數每增加1，資產報酬率會增／減多少」的形式呈現分析結果。以剛剛的情況來說，只要將營業額和業務能力的高低兩者都列為解釋變數，就會知道「即使業務能力的高低這一條件相同，只要營業額增加，獲利就會提高」，或者「當營業額的條件相同時，業務能力的高低本身和獲利幾乎無關」。

正因為有此特性，故比起簡單的匯總圖表，多元回歸分析更能避免產生誤導性的分析結果。

運用逐步排除法和人眼來做變數選擇

由於能避開匯總圖表的此種限制，所以我們選擇使用多元回歸分析，但必須注意的是，解釋變數的數量得要少於做爲分析之目標對象的企業數量才行。

爲了研究經營策略而列舉競爭對手時，常會發生只列出30幾間公司的狀況。雖說只有30家當然也一樣能分析，但若要針對這30家公司，用總共一百個的解釋變數進行多元回歸分析，這在數理上是行不通的。

當解釋變數有29個（比目標對象的數量少1）時，就像國中時解方程組一樣，會導出毫無誤差「與資料完全一致的相關性」，無論如何都無法考慮到更多數量的解釋變數。

因此，雖然沒有明確的標準規定當企業數量是多少時，解釋變數就只能在多少個以下，可是在思考經營策略時，若最多僅有20～30家的分析對象，那麼只使用在統計上具可信度且對獲利影響較大的幾個解釋變數，才能得到較爲理想的多元回歸分析結果。

可是，該怎麼找出這樣的解釋變數呢？這也是統計方法的工作之一。在專業術語中，這叫做變數選擇，而不論可能的解釋變數有多少個，這世上確實有能夠從中選出具統計可信度之解釋變數，以獲得多元回歸分析結果的機械性的演算法存在。

例如：在SAS、R、SPSS或Stata等統計分析工具中一般都有提供、且較建議使用的一種演算法，稱做逐步排除法。雖說依工具或其中的設定選項等不同，多少會有些差異，不過就基本觀念來說，逐步排除法是先以多個解釋變數中的一個來進行回歸分析，以找出最優秀的解釋變數。

接著，從其餘的解釋變數中，選一個和一開始選的（最優秀的）解釋變數搭配起來做多元回歸分析，繼續找出最優秀的解釋變數。

而在此逐一增加解釋變數的過程中，同時依據一定的標準，反過來檢查是否有該刪除的解釋變數，若有就予以刪除。如此反覆地增減解釋變數，直到再也沒有符合標準而該增加的解釋變數，也找不到應刪除的解釋變數時，便算是完成搜尋。

最後，再用選出的解釋變數來觀察多元回歸分析的結果，而這些就等於是由自己所準備之資料導出的「與獲利相關的重要解釋變數」。

雖然我認爲以一般商業人士做的分析來說，「逐步排除法就夠了」，不過，最近也有越來越多人認爲，以史丹佛大學專攻統計學的羅伯・蒂伯系拉尼（Robert

Tibshirani）教授於一九九六年所開發的Lasso算法或其衍生手法來選擇變數，會比這逐步排除法更令人滿意。若有興趣，在其合著之專業書籍《The Elements of Statistical Learning: Data Mining, Inference, and Prediction》中有對此手法的詳細介紹，你可試著讀讀看。

而在實務上比這種手法更重要的是，要針對變數選擇結果檢查「是否有選到太過理所當然的解釋變數？」

假設你以帝國資料銀行所提供的資料爲基礎，來準備分析所需之數據，而糊裡糊塗地把營業利潤的數字留下做爲可能的解釋變數之一。營業利潤的金額越高，資產報酬率就會增加是理所當然的，而當它被選爲多元回歸分析的解釋變數時，就表示其他解釋變數與資產報酬率之關聯性的結果，全都是基於「若營業利潤的金額相同的話…」這個條件。這是個不切實際且毫無意義的假設，簡言之，這會造成我們原本想知道的「哪些因素和獲利相關？」的結果失眞。

又或者，即使不到「理所當然」的程度，但若所選出的解釋變數「知道了也不能怎樣」、「感覺好像怪怪的」的話，那麼試著先刪除此類解釋變數再重新選擇變數，也是很重要的一個動作。

若不論有無經過「知道了也不能怎樣的解釋變數固定的話……」這一條件的調整，都會選出同樣的解釋變數，那就表示該選擇結果相當值得信賴，但實際上也有可能在排除「知道了也不能怎樣的解釋變數」後，就發現了其他的新的重要變數。

無論是多先進的手法，所有數學及演算法基本上都會試圖找出「最貼切的」分析結果。也正因如此，負責做出「這分析結果很貼切，但沒什麼意義」這類批評的、屬於人的工作，才有其價值存在。

分析結果的解釋實例與基礎知識

一旦運用機械性的演算法與人眼確認的方式，完成這樣的解釋變數選擇後，應該就能由這幾個在某個程度上較有可能的解釋變數，獲得可解釋資產報酬率差異的多元回歸分析結果，但並不是分析完就沒事了。

反而是之後解釋分析結果並決定該怎麼辦的部分，才是眞正能夠在商業上產生價值的部分。例如：若分析完成後，得到如圖表1-16的結果，我們該如何看待這樣的結果呢？

圖表 1-16　多元回歸分析的結果

解釋變數	回歸係數	95%的信賴區間	p 值
截距	-0.35	-2.73～2.03	0.764
有進軍東南亞	1.22	0.01～2.43	0.049
業務能力的高低（由第三方提供四等級的評分）	0.47	0.01～0.93	0.045
所擁有的專利數量（取自專利資料庫）	0.02	-0.01～0.07	0.093
產品開發能力高（根據市場調查的四等級評分）	0.20	0.01～0.39	0.038
廣告很有水準（根據市場調查的四等級評分）	0.23	0.02～0.44	0.034
支援很差（根據市場調查的四等級評分）	-0.29	-0.49～-0.09	0.007

此例經過變數選擇處理，似乎是找出了六個「具統計可信度」且「不算太理所當然也不奇怪」的解釋變數，包括「有進軍東南亞」、「業務能力的高低」、「所擁有的專利數量」，以及透過市場調查而得的「產品開發能力高」、「廣告很有水準」、「支援很差」等。

乍看之下理所當然，但如果本來除了這些以外，也有將「營業額的規模」和「是否經手特定商品」、「市場對所販售商品之價格划算度的感覺」等列爲可能的解釋變數，且準備了對應的數據資料，而結果是選中了這六個的話，那我們就能期待比起走擴張路線以追求規模經濟、進入某特定市場，或是採取折扣攻勢等策略，致力於強化這六個解釋變數的方向，應是更爲聰明合理的策略。

所謂的回歸係數（嚴格來說應稱做「偏回歸係數」，但在本書中爲了易於理解，都簡稱爲「回歸係數」），就代表了「解釋變數每增加1／在某條件下，資產報酬率會增／減多少」。而此回歸係數終究只是以本次所用數據推測出的結果，就算在同一狀況下再做一次調查及分析，也不見得會得到同樣的結果。話雖如此，也不表示這結果完全不值得信賴。觀察列在各回歸係數旁的95％的信賴區間便會知道，收集無限多數據應該就能得知的回歸係數「大概就在這個範圍內」。這95％的信賴區間的兩端若都爲正數或都爲負數時，就不太可能「和資產報酬率毫無關聯（回歸係數爲零）」或「反而有反效果（回歸係數的正負相反）」，而依據列在其右的p值亦可做出同樣的判斷。

所謂的p值，代表了（當其他解釋變數的條件固定時）該解釋變數若對該成果沒有任何影響的話，只因數據的變動性而偶然產生這樣的回歸係數的機率。也就是說，p值越小，該結果就越值得信賴，而一般都以低於5%與否做爲判斷標準。

由圖表1-16可知，在數家競爭對手公司中，光是有無進軍東南亞這點，就會導致平均1.22%的資產報酬率差異。而觀察其p值，爲0.049，也低於一般判斷標準的0.05。這就表示「只因資料的變動性或誤差，而偶然出現這種差距的機率小於5%，故應該值得信賴」。另外，再觀察其95%的[illegible]已考慮誤差的情況下，可期待有最少0.01%、最多2.43%[illegible]

這數字乍看不多，但別說是上市企業了，在日本就算是未上[illegible]債表上的總資產多達幾十億～幾百億日圓的公司可謂多不勝數。[illegible]業，擁有數千億日圓甚至數兆日圓以上的資產更是一點兒也不奇[illegible]

假設你們公司目前可用一千億日圓的總資產創造出三十億日[illegible]

產報酬率就是3%，而若能找到可使之增加1·2個百分點的解釋變數，且要司朝該方向改變並非不可能（以本例來說，就是目前尚未進軍東南亞，但今後將進軍）的話，你就等於是找到了可讓公司每年比現在多賺12億日圓的點子呢。

接著，也來看看其他的解釋變數吧。藉由請第三方提供四等級評分而取得資料的業務能力的高低這一解釋變數，呈現了評分每多一級，資產報酬率就增加0·47%的趨勢。也就是說，若自家公司還沒達到四等級評分中的最高等級的話，既然每多一級就多0·47%，那麼若能從被評爲業務能力差的狀態努力往上爬兩級，或許就可達成相當於兩倍，亦即0·94%的獲利改善。

而所擁有的專利數量這部分，則是每多1項專利，就小幅增加0·02%的資產報酬率，不過，專利數量這個變數值的範圍，可是比四等級評分要大得多。有的公司完全沒有任何專利，但像豐田汽車或東芝等製造業中的大企業，可是每年都會申請數以千計的專利項目呢。當然要立刻達到那種地步或許不可能，不過若能努力研發以取得50項左右可創造價值的專利，那也是有機會達成平均1%的獲利提升。

此外，在做爲分析對象的企業數量有限等情況下，p值通常容易變得比較大，此解釋變數的p值也比0·05大，而由其95%的信賴區間看來，「搞不好專利越多，資產報酬率還可能微幅下降（-0.01%）也說不定」。若只依據低於5%與否的統計學慣例來判斷，便會認爲「這可能只是因資料的變動性而偶然產生的回歸係數」，但如果你還是有點在意，那就再用更多的企業資料去嘗試驗證專利和資產報酬率的關聯性即可。

最後，在屬於顧客認知的所有項目中，即是否被認爲「產品開發能力高」、「廣告很有水準」、「支援很差」等方面，分析結果呈現出評價每增加一等級，資產報酬率便可能增、減0.2%～0.3%左右的趨勢。這部分恐怕也指示了今後該著力的方向。

至於被我跳過沒解釋的截距，它代表的是當此表格中的所有解釋變數都爲零時，資產報酬率會被認爲是多少%的一個值。

在這樣的分析中，常常會因爲「解釋變數不會爲零」這種原因而難以說明，但假設有一家公司既沒進軍東南亞，也完全沒有任何專利，業務能力、產品開發能力、廣告水準、支援系統等全都是四等級評分中最低的一級（1分），那麼依據下列計算：

$$-0.35+1.22\times0+0.47\times1+0.02\times0+0.20\times1+0.23\times1-0.29\times1=0.26$$

其資產報酬率大概會被評估爲0.26%左右。而即使是其他條件更好的公司，只要運用截距的值，以及各個解釋變數之值和對應的回歸係數，便同樣能評估出「平均來說，資產報酬率會是多少」。

更仔細的分析方法，以及不建議過度仔細分析的原因

此外，爲了達成更仔細或妥當的分析，即使同樣是做多元回歸分析，也還有一些值得考慮的細節巧思，接著就來介紹一下這部分。

例如：就營業額和員工人數而言，業界中的大企業與其他公司相差懸殊，剩下擠在一起的，便是一些差不多的小型企業。對於有這種情況的資料，有時先做所謂的「取對數」處理，再用於分析，結果會更爲貼切。

若是取如高中學過的以10爲底的常用對數，當營業額爲一百萬日圓時，就是10的6次方，故取6這個值；而當營業額爲1億日圓時，則是10的8次方，故取8這

個值。這樣一來，「懸殊」差異所造成的影響就會減緩，因此，往往能獲得良好的分析結果。

或者，也有一種將解釋變數的平方值（這稱做平方項）納入分析的技巧可用。先前曾講到關於專利數量每增加1，獲利便提升的分析結果，但對目前專利少的企業和專利多的企業來說，專利數量加1的價值都差不多一樣嗎？還是擁有的專利越多，增加專利的效果也會進一步增大？反之，若已擁有一定數量的專利，會不會再怎麼增加專利也不太有效果呢？對於這樣的疑問，運用平方項便能獲得解答。

甚至像是「具有產品開發能力時，業務能力的重要性相對較低；但不具產品開發能力時，業務能力就會是重要的生命線」等，對於解釋變數的組合也可能產生疑問。這類疑問則可透過除「四等級評分的產品開發能力」和「四等級評分的業務能力」外，再加入「產品開發能力和業務能力相乘之值」（稱爲交互作用）做爲解釋變數來分析的方式以獲得解答。而這些技巧也同樣可應用在後續章節所介紹的邏輯回歸中。

不過，我本人不太建議一開始就做這麼仔細的分析。原因在於，比起先前所示的多元回歸分析結果，其結果的解析可是難懂得多。

雖說對數和平方等都是國、高中就學過的數學概念，但一聽到這些腦袋就瞬間凍結的大人可不少。而爲了正確理解交互作用，有時甚至必須繪製表格並依狀況分類整理，還挺麻煩的。

當然，若您對這樣的詳細分析很有興趣，那麼請務必一試，以大學生爲對象的統計學教科書很多在這方面都有相當仔細的著墨。不過，和大學的課程不同，商業人士使用統計學的目的，是要依據其分析結果採取某些行動，以賺錢獲利。而爲了達成此目標，就必須說服很多人並做各種調整，若有哪個部分可能會帶來壓力的話，最好就去掉該部分。若因爲有超大型企業存在故很難解釋分析結果的話，那就去掉該種企業後再分析看看。

與其嚴謹驗證，不如採取快速的小規模行動

認眞想想，在此例的這6個解釋變數背後，會不會藏有其他因素？這可能性就和簡單加總時一樣，是無法完全抹滅的。更何況，是因爲進軍了東南亞所以獲利高？還是因爲獲利高而使得資金充裕，所以才能夠進軍東南亞？何者爲因何者爲果

的關係方向，嚴格來說也是無法確定。

爲了避免誤導性的分析結果造成錯誤的商業決策，對於「背後是否藏著什麼？」、「因果關係的方向爲何？」等部分，與具業界知識的相關人士討論當然是非常重要的。

然而，分析手法再怎麼高超，數據資料量再怎麼大，跟再多的專家們你來我往認眞討論，都無法確切地證實因果關係。我們唯一能做的，就是進行所謂的隨機對照實驗或稱爲A／B測試的方法。

例如：針對自家公司的產品準備兩種說明書。一種提供和以往一樣的說明及一樣的支援窗口，另一種則具有經過精心設計而顯得清楚易懂的說明，並提供支援服務絕佳之新簽約客服中心的聯絡方式。除了隨附的說明書不同外，產品完全相同，包裝也一模一樣。接著，將協助調查的受測者隨機分成兩群，一群發給附有貼心說明書的商品，另一群則發給和以往一樣的商品。

經過一定的期間後，對這些受測者進行調查，若收到附有貼心說明書商品的那群人在某個時間點，採取了具統計可信度的明確（亦即p值低於0．05）且符合成本水準，而能爲自家公司帶來利潤的行爲（例如：自掏腰包購買其他並未免費提供之商品等）的話，那麼就能證實「加強支援系統」之策略應是有效的此一因果關係。

若隨機分群表示平均，這兩群人之間應該不存在任何差異，唯一的差異只有說明書和支援窗口的貼心與否這點，因此，所產生出的明確利益差距，應可視爲是兩者之間的因果關係。所有擔任統計相關工作的人應該都會同意這點。

若你或你們公司具備了足以探討對數及平方項、交互作用等技巧的充分分析能力，那是非常棒的。但如果不具備，那麼與其以膚淺拙劣的手法或相關人士的「審愼討論」來試圖理解分析結果，還不如趕快以小規模嘗試採取某種行動會比較好。只靠分析技術來準確估計各種解釋變數和成果之間的關聯性是需要專業知識的，若只是以A／B測試來探索待驗證的構想，像本書這樣的架構就能行得通。

即使分析得不夠完整，「似乎能賺到30億日圓」的分析結果一直無法實現的狀態，和開始採取行動「投入幾千萬日圓來嘗試驗證」這兩者，到底何者較爲明智，請各位務必好好想想。

10 本章總結

最後，在此將本章到目前爲止所做過的分析，整理成圖表1-17。

就經營策略上「想要最大化／最小化」的成果而言，本章建議採用的是資產報酬率。對於能以同樣的資本賺到多少利潤這樣的成果，業務能力強或顧客滿意度高等，都不過是手段，將這些最大化並非目的。

接著，當我們實際分析此成果時，我們會需要決定一個觀點，亦即要以怎樣的單位來做分析。在本章中是以企業爲單位，換言之，就是要比較「資產報酬率高的公司和低的公司有何不同？」以試圖找出藏在其背後的差異。

圖表 1-17　第1章的總結

成果	資產報酬率
分析單位及其範圍	• 在市場中與自家公司競爭的企業（最少20～30家）
解釋變數的例子	• 人才與組織的狀況 • 財、物等有形資產 • 可透過行銷等獲得的無形資產 • 擁有的技術及創新底子 • 採取的策略及其背景
資料來源的例子	• 可從日本經濟新聞社及帝國資料銀行等處取得的企業資料 • 可透過日經研究或Oricon等公司取得的品牌或滿意度相關調查結果 • 可藉由網路（線上）／實體問卷調查取得的顧客認知資料 • 來自公司內部人員或熟知業界狀況之第三方的評價
分析手法	• （運用了逐步排除法等變數選擇手法的）多元回歸分析

若是以產業爲分析單位，那麼也可找出「資產報酬率高的產業和低的產業之差異」。但如果是分析產業，做完如圖表1-10所示的簡單資料匯總就結束了，而如勒默特和羅切貝魯特等人所指出的，企業的獲利多寡除了受「所屬產業」的影響外，還會被每家公司的各種特性所左右。

而若是以產業爲分析單位，那麼也可找出「資產報酬率高的產業和低的產業之差異」。但如果是分析產業，做完如圖表1-10所示的簡單資料匯總就結束了，而如勒默特和羅切貝魯特等人所指出的，企業的獲利多寡除了受「所屬產業」的影響外，還會被每家公司的各種特性所左右。

儘管如此，也不是只要有資料就非得把所有企業都納入爲分析對象，本章的建議是要彈性地理解自家公司所競爭、合作，以及進入和被進入的市場範圍，然後找出在該市場中區分勝負的成功關鍵。

而在解釋變數的部分，亦即「或許能解釋」像這樣的每個分析單位的成果大小，以本章來說，就是「或許能解釋」各個企業之獲利差異的特性。本章是利用紐伯特的系統性回顧論文，介紹了各式各樣可能的解釋變數。

這些解釋變數可大致分爲人才與組織的狀況、財與物等有形資產、可透過行銷等獲得的無形資產、擁有的技術及創新底子、採取的策略及其背景等幾類，另外還可積極地將「可能左右此業界獲利」的因素也列爲解釋變數並嘗試分析。

就實際的資料來源而言，除了資產報酬率這個成果外，包含營業額及成立年數、所屬行業分類等解釋變數的企業資料，若爲上市企業，由於爲投資人相關而需公開，故可從日本經濟新聞社等處統一取得。至於沒有上市的企業，很多也能從帝國資料銀行等處取得。

此外，像是品牌認知及顧客滿意度等無形資產部分，亦有許多公司會定期收集相關資料，甚至有時由業界團體等定期進行的統計調查等資料，也都能派上用場。如果他們沒有某些你想知道的資訊，那你也能自行以網路（線上）或實體問卷來調查市場。倘若要以市場不瞭解的內部資訊做爲分析資料時，邀請熟知業界情況的外部第三方人士來評分的做法，也相當具價值。

將這些資料都收集齊全後，依據分析單位，以每列一企業的形式來整理所有資料，然後進行多元回歸分析，工具不拘，不論用SAS、R、SPSS還是Stata都行。

不用說，在這些工具中設定的反應變數（或依變數，甚至有些工具直接以y表示）就是此次分析的成果——資產報酬率，而解釋變數（或自變數，甚至有些工具直接以 x 表示）則爲至目前爲止所列出幾個項目。

在進行與經營策略有關的分析時，做爲分析對象的企業數量往往很有限，就算可能的解釋變數多達一百個，也很難全都用上。因此，必須以逐步排除法等變數選擇演算法，以及你自己的眼睛來做取捨，將影響獲利的重要解釋變數給挑出來。

除了有條理的矩陣分析外，策略顧問們有時也會帶來一點回歸分析結果。但這些往往只會被當成「雖然看不懂，但好像很厲害」的東西，似乎不太能在決策上發揮作用。一旦擁有了本書至此爲止所介紹的知識，各位就能夠解讀這類分析結果，既你已付出這些時間和精力，甚至會有更多其他的發現也說不定。

若最後留下的解釋變數顯示了所謂「該選擇怎樣的市場？」這種偏向波特的點子，那就該嘗試進入該市場或加強對該市場的投資；如果顯示出的是「在此業界中，擁有怎樣的優勢較重要？」這種偏向巴尼的點子，那麼就試著強化該因素即可。我自己在實際分析時，也曾找到好幾個意想不到的因素，發現它們確實左右了在該業界中的獲利能力。

既然都搶在其他公司之前先注意到這種成功關鍵了，那就該搶先一步著手以試誤法來測試「那種方向的策略是否有效？」而這也正是「精實創業」所建議的做法。

閱讀至此，我想各位最後的疑問，很可能是「假設已知業務能力的高低及產品開發能力等因素，左右了自家公司所在市場的勝負，那麼如何才能提高自家公司的業務能力和產品開發能力呢？」

對許多商業人士來說，重要的其實是之後的「具體來說到底該怎麼做？」亦即管理層面上的構想。又或是該如何依據這樣明確的策略方向，來改善自己所負責的業務這種觀點。

當然在思考這類問題時，統計學也是能派上用場的。而本書後續章節所將解說的，正是這個部分。

統計學補充專欄 I

關於變異量成分分析或是混合效果模型

本章內文所介紹的變異量成分分析（Components of Variance Analysis或Variance Components Analysis），其名稱本身在統計學的教科書中很少被刻意提到，不過一般來說，它可被理解爲包含隨機效果（Random Effects）之混合效果模型（Mixed Effects Models）的一部分。

對於突如其來的什麼隨機效果、混合效果感到一頭霧水的人，請先記住，一般的多元回歸分析屬於固定效果模型（Fixed Effects Models）。

以單純用顧客性別及年齡爲解釋變數，來解釋消費金額的多元回歸分析爲例子來說。假設得到的分析結果是，男性的消費金額比女性少一千日圓，而年齡每多一歲，消費金額便增加一百日圓。這樣的分析認爲，性別差異及年齡每多一歲對消費金額造成的「效果」是固定的，因此，被稱做固定效果模型。

非固定效果的則有隨機效果或隨機效應。這在什麼樣的狀況下會用到呢？

例如：每個顧客主要消費的門市不同。在全國各地規模及上架商品傾向都大不相同的一千家分店中，主要都去哪家店消費所造成的影響，應該比性別或年齡還大，但若像考慮「男性和女性的差異」那樣分別考慮「A店與B店的差異」、「A店與C店的差異」……等解釋變數的話，就必須考慮多達999個的解釋變數（對於爲何是999而非一千個這點有疑問的讀者，請參考前著《統計學，最強的商業武器【實踐篇】》的第3章，關於虛擬變數的部分）。

若是想知道「哪家分店的銷售額較高？」那麼，採取這樣的分析也是不無道理。但此例想瞭解的其實是「性別與年齡對消費金額的影響」，因此，若只是想顧慮到「主要在哪家分店消費？」的影響的話，就推估的精準度等觀點看來，考慮999個變數的做法，並非明智之舉。

這時可派上用場的，就是所謂隨機效果的觀念了。隨機效果和固定效果不同，它不是以單一值來推估效果，而是以「一定的平均值（通常爲零）與具不規則變動性」的形式來推估。像這樣以包含隨機效果及固定效果兩者（混合）之形式，來推估回歸模型的做法，就是所謂的混合效果模型。

這裡舉的例子是「分店的差異」，不過除此之外，在「居住地的差異」、「設施差異」、「組織差異」等應該也會有影響，但若分別觀察就必須處理大量解釋變數等情況下，有時也會考慮隨機效果。同樣地，本章內文曾介紹的舒姆蘭齊等人，則是以隨機效果來看待各企業的「產業分類差異」，他們所揭露的不是具體來說屬於哪個產業分類、又賺了多少錢的固定效果，而是「產業分類差異」這種隨機效果，能夠對各企業業績的變動性做出什麼程度的解釋。

另外，像是當顧客相關資料共有五年份，且必須分別處理每年的資料時，通常還是考量「個人資料儘管每年不同，在某個程度上應該還是有其相似性」這樣的個別差異比較好，而這種情況也是以隨機效果來處理。前文中所介紹勒默特的「依據多個年度的資料數據，包括除市佔率外的所有企業差異，能夠對業績的變動性做出什麼程度的解釋？」亦是採取此思考模式。

在內文中，爲了避免不必要的混淆，我統一以變異量成分分析的說法帶過，雖然在管理學的研究上，似乎也很常用到變異量成分分析，不過最近基於推估的精準度等觀點，也有人認爲比起變異量成分分析，運用多層次分析（或多層線性模型）等混合效果模型會更好（例如：參考文獻Misangyi et al. 2006等）。

還有在內文曾引用的小本先生等人的報告內容中，也有提出多層次分析的結果，

圖表 1-18　多層次分析的分析結果

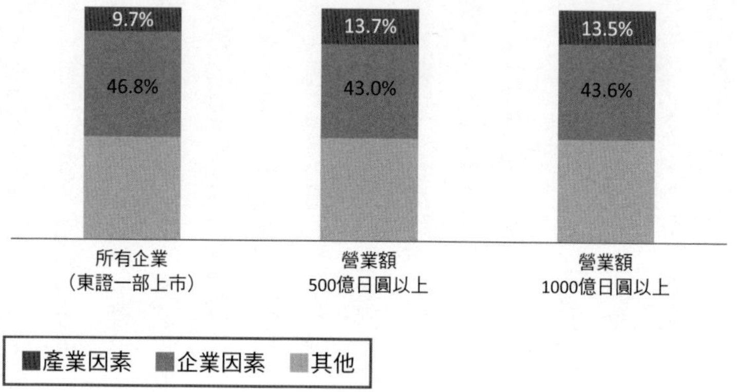

就如圖表1-18所示。儘管產業因素的解釋力有上升，企業因素的解釋力也有下降，整體傾向並沒有太大變化。

由於本書是針對一般商業人士而非針對統計學專家所寫，內文中也建議大家採用多元回歸分析，不過若是能夠運用SAS或SPSS、R等專業工具，那麼依需要嘗試一下混合效果模型應該也不錯。

例如：若想調整做爲企業屬性之一的總公司所在行政區域這個條件，但對於將總公司設在哪裡就能讓業績改善多少這點並不感興趣的話，便可將總公司所在的行政區域視爲隨機效果。

第 2 章

用於人事的統計學

對於職場裡上司、同事，及部屬等能力感到憂心不已的商業人士不在少數，所有的商業活動都是靠人來運作，因此他們的能力大大左右了企業的獲利。但你們公司有多認真地看待這一點呢？很多日本企業對於人才，幾乎是不做任何分析，也不檢討雇用與培訓等方法，就只是千篇一律地重複著一直以來的固定活動。可是只要依據管理學家及應用心理學家等至今為止的研究成果，進行適當的數據分析，應該馬上就能知道怎樣的人才可為此工作帶來更多獲利。

11 有雇到優秀的人才嗎？

所謂「人才甚於策略」之事實

不需要巴尼等管理學家們的提示，多數商業人士應該也已經知道員工的能力會左右業績這一事實。

找來優秀的業務員與行銷人員，並加以妥善管理，業務能力就會提升；找來優秀的研究人員與工程師，並加以妥善管理，技術開發能力就會提升；找來優秀的服務人員，並加以妥善管理，顧客的滿意度與忠誠度就會提升。而這道理同樣適用於採購、製造、物流等程序，只要能夠妥善管理優秀的員工，應該就足以提升獲利。

反之，就算引進再怎麼新的經營手法或工具，如果還是同一批人在做，可能效果就沒那麼好。例如：身爲管理學家同時也擔任企管顧問工作的史丹佛大學教授傑佛瑞・菲佛（Jeffrey Pfeffer），便曾在其著作中介紹自己的顧問輔導經驗。

來諮詢菲佛意見的，是在美國市場中苦於銷售額毫無增長的一家醫療影像設備製造商。一開始，他們是針對該如何處理商業模式及經營策略的部分，而向菲佛求助。但菲佛提出的建議卻是「在煩惱策略之前，要不要先重新審視一下業務部門的員工呢？」於是該公司聽從此建議，實際將業務部門的主管換成一位優秀人才，而在他手下工作的員工們，也都盡量找來更優秀的人才擔任，結果在一年之內，他們的銷售額就急遽成長了20%左右。

這可不只是菲佛的「經驗與直覺」而已。美國心理學家法蘭克・施密特（Frank Schmidt）與約翰・杭特（John Hunter）於一九九八年，徹底收集並分析了過去八十五年間所有與人才雇用有關之量化研究，並將之出版爲一份劃時代的系統性回顧論文。

而依據他們的研究結果顯示，即使是不需要特殊專業能力的工作，前16%優秀員工的生產力也比一般普通員工高出19%。若是需要專業能力的工作或管理職，甚至還高出了48%。

換句話說，若你的上司在日本國內算是個普通的主管，光是換個優秀的人才來做他的工作，你們部門的生產力便可能成長1.5倍。

此外，在與程式設計人員相關的調查中，甚至有調查結果顯示，最優秀程式設計師的生產力是遜咖程式設計師的10倍，而就算和一般水準的程式設計師相比，也有5倍之多。能否雇用到優秀人才這一問題所帶來的影響，就存在這麼大的差異。

不過，腦袋有沒有理解和能不能實際採取行動是兩碼子事。爲了雇用優秀人才，你們公司到底做了些什麼呢？

像是配合所簽約的人力資源公司的要求，參與就業或轉職活動的展出、在網站上刊登徵才資訊。有時會請負責招聘的人員詢問他們的大學裡有無學弟妹在找工作，或是請人力仲介幫忙尋找合適的轉職者。一旦有人來投履歷，先以書面資料確認其應徵動機與學經歷後，便適度予以筆試或幾次面試。各位的公司每年以人事部門爲中心所進行的這些作業，恐怕就是雇用優秀人才的所有程序了。

那麼結果又是如何呢？現在讓我們回想一下在公司內自己周圍的人吧。若坐在那兒的全都是對公司獲利貢獻極大的優秀人才，各個都充分發揮其能力，使公司不斷成長的話，閱讀本章可能就沒什麼意義了。

倘若坐在那兒的都是令人想嘆氣的遲鈍部屬與同事，或是不講理又毫無生產力的上司，導致你的工作備受阻撓的話呢？基本上，這樣的部屬及上司也和你一樣，是經過同樣的程序而被判斷爲應予雇用的。若是如此，那麼這程序眞的能在雇用優秀人才方面發揮作用嗎？

基於科學證據的 Google 聘僱流程

實際上，許多企業每年都花費大把力氣在徵才活動上，但卻很少去檢討其成果。例如：所雇用的人才爲公司帶來了多少利益？有帶來利益的人和沒帶來利益的人的差異何在？採取怎樣的聘僱流程能夠雇用到較多的優秀人才？……等等，有好好思考以上這些的公司其實相當有限。

而Google正是這些少數公司之一。Google的最高人事主管拉斯洛・博克（Laszlo Bock）在其著作中提到，Google基本上不使用外部的徵才網站，除非是在進軍某些還不是很認識Google的國家時，不然一般來說，連人力資源仲介都不用。

面試時，他們絕不問「你的優點是什麼？」這類無關痛癢的問題。而且比起從常春藤盟校等著名大學以普通成績畢業的人，他們更優先雇用在州立大學以頂尖成績畢業者。

爲什麼呢？因爲實際分析雇用相關資料後發現，這樣能夠更有效率地雇用到優秀人才。他們選擇讓員工介紹「優秀的熟識者」，然後對員工所介紹的人才進行科學化的篩選程序。

例如：以面試來說，要面試幾次才夠？對於負責哪種工作的人應該問哪些問題？在員工之中哪些人具有擔任面試官的「識人之明」？……等等，對於這些部分都有嚴格管理。此外，對於技術人員，一定會讓他做一些進公司後預計將負責的部分工作來評估其品質，亦即進行所謂的工作樣本測試（Work Sample Test）。而Google特有的一般認知能力測試（即類似智力測驗的東西）的成績也會一併納入評估。他們有時還會對一度被剔除之應徵者的應徵資料進行文字探勘（Text Mining），在某些情況下，甚至會再次與之聯繫並予以雇用。

Google的聘僱流程之所以很科學，不單是因爲運用了工作樣本測試、獨特的認知能力測試、文字探勘等而已。其背後是有科學證據的，因爲他們以實際資料爲基礎，運用試誤法不斷反覆探究「如何才能以更少的力氣雇到更優秀的人才？」

多年來他們一直持續著這樣的活動，於是所獲得的優秀人才除了創造出令Google大幅成長的嶄新服務外，也大大提升了搜尋的精準度與處理速度等既有服務的品質。無疑地，在Google過去所達成的一些巨大成長背後，應是有這種針對人力資源的科學化方法在支持著。

一般的「面試」其實沒什麼用

在拉斯洛．博克等人考量Google聘僱流程的基礎證據中，當然也包含了先前曾提到施密特與杭特的論文。該論文所揭示的，不只有如剛剛已提過的優秀人才和一般平均人才的生產力有多大差異而已。他們還針對各種評選方法的結果和後續生產力及業績之相關度。如圖表2-1，將過去八十五年間的研究整理出來，且爲了便於想像，他們更進一步把原本以相關係數表示的結果自乘爲平方值，改爲決定係數（或稱判定係數，Coefficient of determination）。

例如：其中相關程度最高的工作樣本測試的決定係數是0．29，簡言之，這代表了雇用後業績的變動性中，約有29%可由工作樣本測試的成績來解釋。儘管一定也存在無法靠工作樣本測試得知且會對後續業績有影響的因素，但它已能預估雇用後業績的近3成了。

而多數公司所採取的一般面試（非結構化面試），則只能預估不到其一半的14%的業績。如果花費的力氣相同，那麼該採行何者應是再明白不過了。

此外，一般認知能力測試和問題內容經過妥善設計的結構化面試，約可解釋雇用後業績的26%。另外還有一項並未列在此表中，那就是工作樣本測試結合一般認知能力測試，似乎可解釋雇用後業績的40%之多。

基於這些證據，Google便採取了以結構化面試、工作樣本測試，再加上一般認知能力測試的聘僱方針。而關於面試時要由誰來問哪些問題、該如何評估？在一般認知能力測試中又該出哪些題目？等部分，他們也做了科學化的試誤與驗證。至於重視由員工介紹這點，大概和「同事的評價」項目的解釋力很高（24%）有關。

由於施密特與杭特的論文評估了長達八十五年間的各種評選方法，故其中也包含我們現代人不太熟悉的做法，而像是具備幾年的工作經歷及教育背景等經歷評估、至今所受的教育年數（亦即高中畢業、大學畢業、碩士畢業、博士畢業等學歷

圖表 2-1　各種評選方法的業績解釋力

評選方法	決定係數（解釋力）
工作樣本測試	0.29
一般認知能力測試	0.26
結構化面試	0.26
同事的評價	0.24
工作知識測試	0.23
使用了績效記錄的職歷評估	0.20
考試雇用	0.19
正直度測試	0.17
非結構化（一般的）面試	0.14
人才評鑑中心	0.14
履歷的評估	0.12
誠信測試	0.10
身家調查	0.07
工作經驗年數	0.03
依重要性加權的職歷評估	0.01
受教育年數	0.01
適性測驗	0.01
筆跡鑑定	小於0.01
年齡	小於0.01

造成的差異）、可判斷對哪種職務較感興趣的適性測驗、筆跡鑑定、年齡等，對後續業績都只具有區區幾個百分點的解釋力而已。

換言之，依據此論文，如目前多數日本企業所做的「既然年輕且學歷高，以前有過類似的工作經驗，對職務顯示出高度興趣又很積極，所以就忽略其他缺點而予以雇用」這種判斷，和Google的做法相比應該是不大行得通的。

現在，在接收了以上資訊之後，我希望各位再回想一下你們公司的聘僱流程。在求職者名單完全相同的情況下，比起各位的公司，Google應該能以更高的機率雇用到優秀人才。而這樣的差異想必會一點一滴地、確實地影響著企業的成長力。你們公司爲何無法像Google那樣成長、創新？答案之一應該就是，無法像Google那樣在公司內保有優秀人才。

但本來全世界最優秀的求職者都往Google集中。現在的Google在某個程度上可說是愛怎樣就怎樣，他們擁有最奢侈的選才地位。所以這做法或許不適用於我們公司——各位會這麼反駁也是不無道理。

舉個例子，以廣泛用於日本招募事務上的一般認知能力測試來說，有一種是由Recruit公司所提供的SPI測驗。的確，雇用SPI測驗成績良好的學生也許有較高機率會展現出較高業績，但SPI成績好的年輕人幾乎都被大企業給包辦了，想必不少公司都有這樣的煩惱。那麼，注定無法雇到優秀人才只好放棄了嗎？

答案是否定的。而爲了理解其理由，我們就必須知道IQ等一般認知能力測試的來歷，以及在管理學領域發現的所謂權變理論（Contingency theory）觀念。一言以蔽之，所謂權變理論就是指「適才適性」，管理學家們早已將注意力轉往「在什麼樣的狀況下，適合聘用怎樣的人才」的方向，而非「廣泛一般的優秀人才」。

從下一節起，我們將學習這些觀念，好讓不像Google那麼幸運的各位的公司也能盡量招募到最佳人才。

12 一般智力與權變理論

「會唸書的人工作也做得好」具有三成的正確性

由ＩＱ或ＳＰＩ等能力測驗所代表的一般認知能力較高者，受雇後的業績表現在某個程度上也被認為會較高。此狀況以統計學裡的說法，是「一般認知能力與業績相關」。而一旦瞭解所謂ＩＱ，亦即智力等看不見也摸不著之抽象概念的測量原理，一切便會顯得十分理所當然。

這部分我在前作《統計學，最強的商業武器【實踐篇】》也曾提到過，在ＩＱ這一概念誕生的背後，可是有著心理統計學家斯皮爾曼的極大貢獻。他在距今超過

圖表 2-2　斯皮爾曼的一般智力（g）

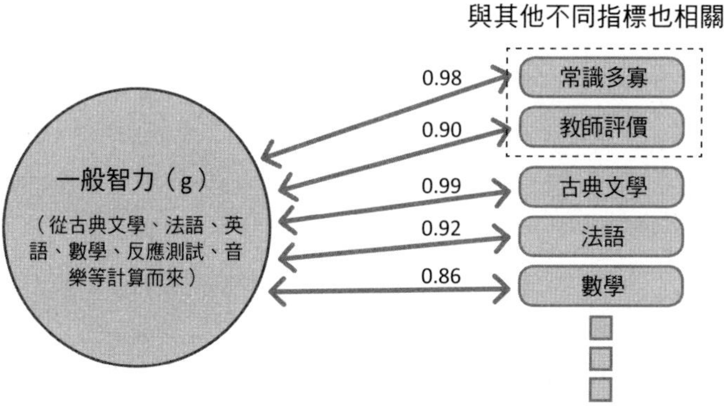

※表中數值是以–1（完全負相關）～1（完全正相關）的範圍表示相關強度

一百年的一九〇四年的論文中，嘗試了當時所用的各種「似乎能測量智力的東西」，結果發現這些東西彼此間具有相當高的相關性。其中包括了古典文學與母語（即英語）測驗，還有外語（法語）測驗、數學測驗、反應測試、音樂測驗等。

而將這些測驗的得分組合成一個新指標後，更發現除了原本的測驗成績外，這指標也和「常識多寡」及「教師給予的評價」等高度相關。儘管不知其眞面目到底爲何（就算有了現代的大腦科學），對於這種與各觀點所評估之「像智力的東西」都相關的指標，斯皮爾曼稱之爲一般智力（g）。而g就是代表「一般」之意的general的開頭字母。

各位還在學時，學校裡肯定也有成績好、具繪畫與音樂才能，甚至連運動神經也很好的模範生存在。看到這種人，我們總會忍不住感嘆「老天爺一旦眷顧某個人，就不會只給他一種天分」，但其實老天爺很可能只給了他一種天分，那就是一般智力（g）。因爲一般智力（g）不僅有利於唸書，在某個程度上也有助於掌握繪畫及樂器演奏、運動等訣竅。

不論是IQ還是SPI，所謂的一般認知能力，基本上就相當於一般智力（g），亦即經過精心設計的一種「幾乎與所有智力活動都高度相關的」指標。由於工作應該也屬於智力活動，因此，只要一般智力（g）高，便能學得快，做事有效率，而能夠完成的工作自然就更多。

依據施密特與杭特的研究，這樣的一般認知能力差異可解釋整體業績的約莫三成左右，這對企業來說是很有意思的，看來我們常在居酒屋聽到的「會唸書的高學歷年輕人都有大頭症，根本不會工作」這類抱怨並不正確呢。

經由領導力研究所發現的權變理論

話雖如此，但並非所有公司都能夠只雇用IQ或SPI得分高的年輕人。那樣的年輕人很可能都被知名大企業給雇走了。這時該怎麼辦呢？可在此時發揮作用的，就是在管理學中由研究領導理論的學者們，所發現的權變理論概念。

自早期（一九四〇年代左右）開始，研究領導力的研究者們便持續進行著「優秀領導者與其他領導者之差異何在？」的研究。既然這世上有溫斯頓．邱吉爾、德雷莎修女、金恩博士、約翰．甘迺迪等許多偉大的領導者存在，於是這些研究者們便試圖要找出，只有這些人共同擁有但其他人都不具備的特性。

然而，這樣的嘗試在相對較早的階段就陷入了僵局。於六〇年代後半的20項研究成果所指出的「優秀領導者之特徵」，就已多達近80個。明明許多研究人員研究的應該都是同一主題，但結果卻毫無一致性，簡言之結論就是「根本找不出優秀領導者的特徵到底爲何」。

之後，一直到一九九〇年左右爲止，這樣的嘗試都還在持續進行，而自此研究領域所產生的一項突破，就是加深了心理學家們對人格（Personality）的理解。例如：在八〇年代，由多位心理學家確立了「人格五大特質（Big Five）」，這也是現今以五個軸向來分析人格特性的重要觀點這人格五大特質包括了外向性（Extraversion，社交性）、協調性（Agreeableness，對人態度及脾氣的好壞）、嚴謹性（Conscientiousness，責任感的強弱與完美主義）、情緒穩定性（Emotional Stability，對於事物的冷靜度、謹慎度）、開放性（Openness，想像力及藝術感受力）等五項。就像斯皮爾曼發現了各種「似乎可測得智力的東西」終究可用單一軸向來評估般，當時的心理學家們也透過因素分析等統計手法，發現了各種與人格有關之檢查結果終究都可統整爲這五個軸向。

結果如何呢？在已被指出爲「優秀領導者之特徵」的各種特性中，除了不能算是人格特性的智力和工作知識之外，像是上進心、執行力和自信等特性，都可分別被歸納爲外向性及情緒穩定性等五大元素。

當然，光是這樣仍無法完全確定優秀領導者之特徵爲何。領導力的研究者們慢慢開始承認現實狀況是更爲複雜的。

於是，很多人便開始將注意力轉向「在怎樣的狀況下，怎樣的領導者能夠發揮作用？」這種狀況與領導力的合適性問題，而不再關注「優秀領導者與其他領導者之差異何在？」這便是所謂權變理論的概念。權變理論最早從一九六〇年代開始就有人研究，至今仍常被拿來討論、應用。

權變理論其實包含很多種內容，其中較主要的理論之一，就是由羅伯特・豪斯（Robert J. House）所開發的路徑——目標理論（Path-Goal Theory）。此名稱源自於好的領導者會指出路徑（path），以幫助成員達成目標（goal）這一觀點。

而在這路徑——目標理論中，領導者被分成了以下四大類：

1、指示型的領導者（整理好應完成的任務及時程安排，具體指示達成方法）

2、輔助型的領導者（親切友善且會顧及部屬的期望）

3、參與型的領導者（會與部屬討論並將其意見運用於決策）

4、成就導向型的領導者（會指示不易達成的目標並要求部屬全力以赴）

至於這些是否爲「好的領導者」，則要視情況而定。例如：以新事業開發之類令人不知該從何著手的業務來說，指示型領導者會具體整理出任務好讓工作有所進展，於是部屬的滿意度便會提高。

然而，在這方面做得很成功的指示型領導者，若是被調到客服中心或會計處理等負責固定業務的部門，很可能會因爲「管太多細節很囉唆」，反而降低了部屬的滿意度與生產力。在此種領域中，由輔助型領導者來關照部屬的情緒，往往較容易提高生產力。

但即使同爲新事業開發類的業務，若部屬們的能力夠好，甚至有些成員在這方面自視甚高的話，仍可能因爲他們「討厭每個細節都被逐一指示」而導致生產力下降。這時，反而是能夠妥善整合部屬意見的參與型領導者，才會是好的領導者。

而這類由路徑——目標理論所導出的假設，也大致獲得了統計實證研究的正向支持。

這話題若是再深入討論下去，要寫多少就能有多少，因此言歸正傳，簡言之就是，員工的價值並非只取決於如一般智力（g）等代表「優秀與否」的指標，而是應將之理解爲「情境與該人物特性的合適性問題」，而這就是領導力研究者們所發現的權變理論概念。

而且這不僅限於管理職的領導力，應該也適用於所有工作。業務員所需的能力和工程師所需的能力不可能一模一樣。就算都是業務員，能夠讓一般商品大賣的能力、可避免既有顧客流失的能力、可正確理解過去未曾有過之新類型商品的價值並妥善展示以吸引顧客的能力等，在不同情境中最爲必要的能力應該是不一樣的。

當然，一般智力（g）較高的話，或許在某個程度上是任何工作都能夠勝任。不過，其解釋力最多只有三成左右；其餘的七成，應是由該本人之特性與情境的合適性所左右。

從整合分析看見的「工作取決於合適性」

這可不只是純理論而已。剛剛我已介紹過由施密特與杭特所做的業績相關因素之整合分析結果，但將其範圍縮小至業務員的銷售業績並進行整合分析後，卻出現了完全不同的結果。

圖表2-3爲溫曲魯（Vinchur AJ）等人於一九九八年公布的研究結果，由此表可看出，在先前以「所有職種的業績（某種績效）」爲範圍之分析中，顯示出很大解釋力的一般認知能力，和銷售業績幾乎是毫無關聯。甚至還得到了在語言方面的智力測驗成績較高者，銷售業績反而較低的結果。

另外，通常和業績沒什麼關聯性的適性測驗成績，一旦侷限於業務員時，就變成最能解釋（25%）其業績好壞的因素了。

人格五大特質中的嚴謹性得分與銷售業績最爲相關，而屬於其下子項目的成就導向性也很能夠解釋（17%）銷售業績。也就是說在一般性的嚴謹與否特質中，是否會徹底達成目標或完成工作這點是很重要的。還有一點要說是理所當然也確實很理所當然，那就是銷售能力測驗的成績似乎也很能夠解釋（14%）實際的銷售業績。

此整合分析並不是以日本的業務員爲對象，而且其中還包含一九四〇年代的早期研究資料，因此，我並不清楚這是否能直接適用於現今日本的業務單位。不過，在這種情況下，一味地雇用知名大學畢業、SPI分數高的年輕人，並讓他們去做業務員，想必不是什麼明智的做法。這些年輕人或許具有較高的一般認知能力，也包含語言能力，但比起這些條件，是否爲「對業務工作有興趣且合適，性格嚴謹且會徹底完成工作」的人，其實更爲重要。

甚至反過來說，明明讓他們去做別的工作應該會顯得很優秀，卻硬是要他們去做不特別有興趣又不適合的業務工作，以致於根本無法發揮能力，實在是有夠浪費的。

圖表 2-3　影響銷售業績的因素

屬於人格五大特質的因素	對銷售業績的解釋力
外向性	0.05
情緒穩定性	0.01（負的影響）
協調性	小於0.01
嚴謹性	0.10
開放性	小於0.01
（以下為子項目）	
親和性	0.02
說服力	0.07
成就導向性	0.17
可信賴性	0.03
其他因素	**對銷售業績的解釋力**
綜合認知能力	小於0.01
一般認知能力	小於0.01
語言能力	0.08（負的影響）
數字處理能力	小於0.01
嚴格的個人主義	—
銷售能力測驗的成績	0.14
經歷	0.08
年齡	小於0.01
適性測驗	0.25

只看重「俐落爽朗高學歷」是非常可惜的

如此看來，在大企業不雇用、學歷不高、SPI得分也不高的年輕人中，應該會有就自家公司特定業務而言，比任何人都更能發揮能力的人存在才對。又或是在多年來都以非正式雇用型態工作、但想轉職的人之中，或許會有特別適合的人選也說不定？

現在許多企業的雇用政策，往往有意無意都偏好「高學歷、高SPI，且在非結構化面試中，應對俐落爽朗的年輕人」。即使是總公司位於地方區域的中堅企業，也只是將「高學歷」的部分換成「在當地學校成績優秀」而已。這些就是一般智力（g）較高且擁有外貌與社會性優勢的人，若還沒決定雇用後要指派的職種，只是要補足人數的話，這或許也不算什麼錯得太離譜的策略就是了。只不過，這種做法確實是「很浪費、很可惜」的。

之所以說浪費、可惜，其理由有三。一是就雇用方而言，若能事先決定、以專業化的形式設定好工作的場合與工作內容，應該就能雇用到更優秀的人才對。例如：就算是在非結構化面試中的應對表現不佳、SPI的語言能力成績低落，若已知這些都「與此工作的業績表現幾乎毫無關聯」的話，反而就其他方面來說，可能是很有希望的也說不定。

其次是就受雇方而言，目前要找到真的能發揮所長的工作很難，非「俐落爽朗高學歷」型的人要找工作實在是非常辛苦。即使業界、業種相關知識再怎麼豐富，感覺再怎麼敏銳，就算校外活動獲得了好成績，一旦開始找工作，依舊是「俐落爽朗高學歷」的人比較容易被雇用。結果他們難能可貴的性格特質，可能就這樣白白浪費在其他職場上了。

另一方面，「俐落爽朗高學歷」型的人或許找起工作來沒那麼辛苦，但也正因爲什麼都能做，所以可能就被分配到不是最適合自己的單位去了。但依據國際級調查研究公司蓋洛普的哈特（James Harter）與阿羅拉（Raksha Arora）所提出的報告，人若擔任無法發揮自身優勢的不合適工作，就會無法忍受長時間勞動，一旦超過一定時間，工作越久就越難保有正向積極的情緒。

最後第三個理由是，這會破壞整體社會「最大多數擁有最大幸福」的狀態。若所有人都能找到最合適的工作，整個社會的生產力便會提高，企業的業績會增長，個人應該就不會承受太大壓力，而且有機會獲得較高的收入；但若人們在找工作時，各企業都只考慮學歷及一般智力（g）的高低等條件的話，無可避免地就一定會產生不合適與缺乏效率的現象。

雖然權變理論的觀念爲我們指出了這樣的風險，但它並沒有告訴我們在自家公司裡該如何雇用員工、該如何安排員工的職務。

當然有一些既有研究已探討過，具備何種能力的人較容易在哪種職務上成功，但歸根究底還是必須考慮「可能會依狀況不同」這點。更何況多數的既有研究都是以美國的大企業爲中心進行調查，因此，即使是同一職種的研究結果，也無法確定在各位所身處的職場環境中是否成立。

而這就是爲何每家公司都該考慮自行調查、分析，並依結果來決定所應採取的人事政策。正如我在前一章也提過的，管理學家想找出的是世上眞理的一般性原則，但應找出「現在我們公司要怎麼做才會賺錢」的，不是別人，就是你們自己。

因此從下一節開始，我們將依序說明實際上該調查哪些項目、該怎麼分析，又該如何採取行動。

13

針對人事的分析步驟①

設定分析的目標對象

現在讓我們來看看，以「要讓怎樣的人做怎樣的工作」爲觀點的分析方法。其基本流程如下，就和在第1章中思考經營策略時一樣。

1．設定分析的目標對象。
2．思考應分析哪些變數。
3．收集必要的數據資料。
4．分析所取得之資料。
5．對分析結果做出解釋。

因此，首先要來考慮該如何設定欲分析的目標對象。

只要有幾十個人就可進行分析

在人事、人力資源方面的分析單位，基本上就是人，亦即員工或員工候選人（應徵者），也就是從「能提昇公司獲利的人與其他人有何不同？」的觀點來進行分析。

在此，就和先前分析經營策略時也稍微提過的，分析單位至少要有幾十個，最好能有數百個。舉個極端的例子，若是只有A、B兩位員工，那麼不論資料再怎麼詳盡，「能提升公司獲利的人與其他人有何不同？」的統計分析都無法成立。

在這兩者之中，假設A所帶來的獲利較高，可是A和B之間存在有無數多的差異。年齡不同、所受的教育不同、受雇的經過和開發顧客的方法等也都不同。到底是其中哪個因素劃分了兩者的利潤差距？這是統計學無論如何都判斷不出來的。

但若是有幾十個人呢？這時就能知道「帶來較大獲利的人不知爲何，幾乎全都具有某些共通特徵」。而且我們能夠判斷這「幾乎全都」的程度，是可視爲偶然發生的「恰巧共通」的程度，還是難以視爲偶然的程度。

不過，「把完全不同職種的人混在一起分析」可說是下下策。依據權變理論之觀念，若把業務員和工程師混在一起分析，很可能只會得到一般認知能力較高、程度較好之類理所當然的結果。因此我們必須考慮，有沒有辦法以同樣環境、做類似工作的幾十人以上（最好有幾百人以上）爲範圍來進行分析。

如果是在全國各地有許多分店或分公司的大企業，可能絕大多數的職種都能符合此條件，但即使不是這種大企業，只要是「在公司內相對人手較多的職種」，也還是有可能進行分析的。

具體來說，多數中型以上企業的業務、銷售／服務（包括客服中心）等職種，最少也會有幾十位以上的工作人員存在。若爲ＩＴ企業，不論是以受委託開發的形式爲主，還是採取自行提供服務／產品的形式，擁有數十名以上程式設計師／工程師的公司應該不在少數。除此之外，也可能有一些公司在其後勤部門中擁有數十位以上的會計作業人員。又或者，若是重視技術的公司，爲了新產品的開發與基礎技術的研究，有些也可能雇用了多達數十名以上的工程師及研究人員。

分析單位的擴展及分割方式

不論自家公司的人數不足還是很足，就和分析經營策略時對其他公司的經營資源做評分一樣，我們也可考慮採取讓第三方針對其他公司員工的特性進行評分的做法。

雖然別家公司的會計人員生產力通常無法推估，但若是像業務員之類時不時會互相遇到、有機會交流的職種，就有可能知道「○○是個厲害的角色，業績數字很驚人」、「××是他們公司的大包袱」之類的資訊。亦即透過這種方式，將自家公司和其他公司裡擔任同職種的員工當成目標對象，以進行「在相同業界同樣職種的人員中，獲利能力高的人與其他人有何差異?」的分析。

當然，在這種情況下的資料，就算是公司內部的人，也必須統一爲「來自第三方的評價」形式，應要排除個人情感，以多人評分的平均值來做分析。

這部分有點複雜，細節就留待章末專欄再做解說。不過，基本上只用自家公司內部人員的資料來分析時，資料的所謂「設限」或「截斷」現象有時會造成問題。

例如：很多大企業可能依慣例，都只雇用SPI能力測試得分高的人。如此一來公司內部資料就不會包含任何「SPI分數低而未被雇用的人」，所以就算使用日本整體資料時，SPI的得分高低解釋了業績好壞，但只有公司內部資料時，卻會得到「看不出明顯關聯性」的分析結果。

只用自家公司內部客觀且準確的資料來分析固然重要，但即使資料的客觀性會有所降低，至少挑戰一次將分析範圍擴大至其他公司也是很有價值的。

而相反地，若是同職種的員工人數多達數百，甚至是成千上萬的大型企業，試著從中區分出同質性較高的群體來分析也是不錯的辦法。例如：同樣是業務員，有專做法人銷售的，也有以零售商的採購爲對象的，依其責任範圍不同，或許會需要不同的人格特質也說不定。

不過理論上，在決定要擴展還是分割做爲目標對象的分析單位範圍之前，首先必須考慮的，是該職種的生產力變動性與公司內部價值的關聯程度這一觀點。

舉例來說，假設服務解約的案件很多，若能好好安撫或調解掉幾個百分點的客訴，便能夠防止顧客解約，一整年下來，就能避免數億日圓的損失。爲此，你們公司當然要替客服中心的終端引進最新系統，對於客服人員的培訓毫不馬虎。但儘管如此，若情況仍是「依接電話的客服人員不同，顧客的解約率也大不相同」的話，爲了揭開其中秘密，肯定是應該分析客服中心人員的特性才行。

然而，若問題同樣嚴重，但「不論接電話的客服人員是誰，解約率都差不多」的話，就算去分析大概也找不出什麼了不起的結論。另外，如果這事業「不論能否妥善解決客訴，對一整年的收益或成本削減都沒什麼太大影響」的話，那麼打從一開始這就沒有任何值得分析的價值。

基於以上概念，我們可針對公司內部會大幅左右獲利的職種，以公司全體員工爲範圍，或以基於某種性質來分割公司員工而得之子群體爲範圍，又或是將範圍擴及其他競爭對手公司之員工的形式，來嘗試進行分析。

而這些範圍的劃分方式並無孰優孰劣之分，若有可能，同時針對多個範圍進行分析是最爲理想的，這樣應可分別獲得不一樣的發現。

14

針對人事的分析步驟②
思考應分析哪些變數

人事的成果設定是相當困難的

單一範圍也好多個範圍也罷，一旦決定好分析的目標對象，接著就要考慮該分析哪些變數。

研究分析中的變數，可分爲其大小本身就是應追求之結果的成果（反應變數），以及或許可解釋該成果之大小差異的變數（解釋變數）共兩種。關於這點我在前一章已說明過。

基本上，一次的分析，成果只有一個，可能的解釋變數則可以有很多個。而且解釋變數越多，最後越有可能獲得較豐富的分析結果。

當我們提出「能帶來利潤的人才與其他人才有何差異？」這一問題時，成果就是「所帶來的利潤金額」，而除了做爲可能的答案所準備好的解釋變數外，其他結果都是無法經由分析得知的。例如：若只準備了性別和年齡這兩個解釋變數，那就不可能獲得「怎樣個性的人能帶來利潤」這種分析結果。

不過，此時的主要問題在於——成果的定義。

先前在討論企業策略時，我建議以資產報酬率爲成果。畢竟對上市公司來說，這屬於公開資訊，即使是未上市公司，也只要委託帝國資料銀行之類的第三方機構即可取得此指標，而它同時還可成爲揭示「應投資方向」的良好指針。營業額高但毫無利潤的事業根本就不該投資，而利潤金額本身夠高但所需資本過大的事業也不該再投入。

然而，一旦從公司或事業變成了人才，就不再有如此明確的獲利指標可供定義了。當然，各位的公司可能都設有某種代表「爲公司帶來了多少利潤」的指標，以做爲發放獎金及升遷的標準。只是這種指標一旦設定錯誤，便會造成無生產力地不斷耍手段，還比認眞對公司做出貢獻更能獲得好評。於是就會做出所謂「在數學上正確，但對經營管理來說毫無意義」的、有如將分析費用丟進水溝般的報告。

例如：有個像這樣的故事。在美國，某地區的警察只要一開始値勤，就會立刻坐上警車，在高速公路上拼命地開來開去。但這對地方的治安根本毫無幫助，而他們之所以這麼做，只是因爲該地區的警察局是以警車的行駛距離來評估警察的工作狀況。這項制度本來是想獎勵「巡邏很多地區的認眞警察」，但警車的行駛距離本身不過是種手段，並非目的。卻也正因如此，導致了這種「毫無意義、但能在數字上獲得高評價」的行爲。

用於人才分析的成果設定經常都伴隨著這種問題。

例如：在評價業務員的績效時，最常見的就是以一定期間內所達成的銷售額爲評判標準。但只有在成本差異不大時，用銷售額來評判才不會有問題。如果業務員接的訂單，是像系統開發及工程施工等成本範圍很大的服務類訂單，那麼只依銷售額來評判的話，訂單金額和所費時間及勞力不符的虧本生意就會成立。比起以1億日圓賣出成本8千萬日圓，以1億日圓賣出成本2億日圓可是容易得多，這對公司來說是相當大的虧損；但對顧客而言，這樣的報價顯然比起其他公司更加優惠，因而較容易爲顧客所採納。

這麼做既可提高「銷售額」，在公司裡又會被稱讚，獎金也拿得多，還可以更快出人頭地，所以一旦發現這點，有意無意地，應該會有人這麼做。當這樣的賤招一再反覆出現，到頭來所有業務主管都成了「只會耍手段卻導致公司虧損」的傢伙，這間公司到底要如何賺錢呢？

更何況，即使同樣都是業務工作，也並不都是像電話推銷或上門推銷之類可用數字解釋的單打獨鬥形式。在引導潛在客戶、建立互信關係、逐一解答技術問題，直到最後成功簽約爲止的一連串團隊合作過程中，或許有某些人雖然和看得見的銷售數字無直接關聯，但整體而言，確實扮演了重要角色。

這時若只看業務代表所簽合約的毛利，那麼整個團隊就會像是全隊11個人都是中鋒的足球隊般，成爲非常不均衡的一個組織。

所謂「納入隨機性」的技巧

而對於不影響銷售額、講究如何有效率完成固定作業的工作，數據分析也是能夠發揮作用的。不過，這時同樣必須在成果的設定上下點功夫。

舉例來說，擁有數百名員工的會計部門要負責處理各式各樣的單據，於是大家一定會想到可用「已處理完幾張單據」做爲成果。在同樣的時間內，有些人能處理完很多張單據，有些則不能。若能找出其差異何在，就可增加能處理很多單據的人，並將幾十位處理速度較慢的人調走，這樣或許就能提升人事費用的效益。

可是，只有當無論哪種單據，「處理一張單據所費的工」幾乎都相等時，這樣的分析才會成立。如果有些單據「一張」的明細裡包含了很多商品，其中有著複雜的折扣項目，而且還是國外交易，故必須考慮匯率等；而有些則只單純寫了「〇〇一套100萬日圓＋消費稅」，但它也同樣是「一張」單據。當這些單據摻雜存在時，情況會如何呢？我想很多公司爲了避免出錯，恐怕都是由經驗老道的優秀會計人員負責處理前者，新人則負責處理後者。但這樣一來，新人「處理完的單據數量」很可能就會比較多，也會因此獲得較高的評價。

那麼該怎麼辦好呢？理想的答案是「在評價／調查的一定期間內，隨機分配單據的處理工作」。一旦隨機分配，新人也好，老手也罷，處理單據所費的工時平均來說就會固定不變。在此情況下，比較同樣時間內的處理件數，應該就會是公平的成果。

不過，為了取得這樣的數據，有可能會因失誤增加、業務停頓而賠了夫人又折兵，故或許也可針對無法完成高難度工作的員工，提供「所費時間已超過某個固定標準、但仍無法正確處理完成，所以放棄」的選項，並將之納入評估。又或是依據某種基準，把員工的技術分成三個等級（資深／中階／新手），然後只將顯然屬於高難度的工作分配給資深員工，再分別於各等級內分析，以找出區分優劣之因素。

而像這樣「只在評估期間納入隨機性」的概念，也可應用在其他職種上。例如：某個年輕業務員所帶來的利潤很高，有可能只是因為受到能幹上司的疼愛，而都分配到好顧客的關係；又或只是負責的商品比較好賣而已。若是如此，那就把同一商品的客戶名單隨機分配，然後評估在接下來的一定期間內，各個業務員分別拿到多少訂單，這樣應該較能評估出真正的績效。

廣泛收集各種可能的解釋變數

如上，不論是哪個職種，成果的設定都必須經過很慎重、仔細的考量。不過，在解釋變數方面，則和第1章的做法並沒有什麼太大差異。圖表2-4的清單，則是將第1章考慮重要經營資源時所列的問題中，可視爲員工個人層次的幾個問題摘錄出來的結果。以此爲基礎，你可試著從這方面見多識廣值得信賴的公司內外相關人士，以及書籍、雜誌等收集點子。

而人才的條件可大略分爲一般所謂IQ等的認知能力、特定專業領域的知識與經驗、如人格五大特質等的個性特質，以及人口統計屬性（年齡、性別、學歷等）等幾種。其中的專業知識與經驗除了靠筆試等測驗外，也可利用工作樣本測試之的方法來測量。

另外，認知能力除了可用一般智力（g）的形式來理解，還可用「數字智力與語言智力」這兩個軸向來理解，而就如第一本《統計學，最強的商業武器》書中曾提過的，心理統計學家路易斯·瑟斯頓（Louis Leon Thurstone）甚至還主張應以更多分類來理解智力，因此提出了如下的七種智力：

① 可感知空間與立體感的空間智力

② 與計算能力有關的數字智力

③ 可理解詞句意義的語言智力

圖表 2-4　摘自圖表1-13的個人層次因素

可視為個人層次的經營資源（摘錄）
在此業界中，怎樣的人是能夠帶來利潤的重要人才？
在此業界中，企業或個人要有什麼樣的經驗才能夠帶來利潤？
在此業界中，企業或個人要有什麼樣的知識才能夠帶來利潤？
在此業界中，什麼人的哪種溝通能力能夠帶來利潤？
在此業界中，具備怎樣的員工多樣性能夠帶來利潤？
在此業界中，企業或個人要被怎樣的人如何地信賴， 才能夠帶來利潤？
在此業界中，企業或個人要和顧客建立怎樣的關係才能夠帶來利潤？
在此業界中，擁有什麼樣的技術能夠帶來利潤？
在此業界中，怎樣的產品開發能力能夠帶來利潤？
在此業界中，具備或引進什麼樣的IT技術能夠帶來利潤？
在此業界中，為了使企業或個人創新以帶來利潤， 有哪些是很重要的？
在此業界中，哪些人具備怎樣的學習力能夠帶來利潤？

④ 與判斷及反應速度有關的知覺智力
⑤ 可進行邏輯推理的推理智力
⑥ 可靈活快速地進行言語表達的流利度智力
⑦ 代表了記憶、背誦能力的記憶智力

在自家公司的各類職種中，若有某些似乎特別需要流暢的會話能力、記憶力，或是影像／空間掌握力的話，也可將之列爲尋找可能的解釋變數時的點子。

可惜的是，就我所知，目前還不存在可用日文（目前也無中文版）簡單測出瑟斯頓的七種智力的測驗或量表。不過，若只是想簡單地測試一下說話是否流暢的話，就以五等級評分來評量「在面試時被問到意想不到的問題時，（不論內容爲何）能夠回答得多流暢」即可。

此外，被稱做非認知能力（Non-Cognitive Skills）的能力，這幾年在管理學和教育學上也引起了相當大的關注。所謂的非認知能力，是指「不屬於像IQ之類與認知有關之能力的能力」。在日本，由丹尼爾・高爾曼（Daniel Goleman）等人所提出並應用於商業領域的EQ，亦即「情緒智商（Emotional Intelligence）」，也曾一度掀起話題。甚至有研究指出，在這類非認知能力中，尤其是能否確實控制自制力的高低程度，對於事業成功與否的解釋力更高於ＩＱ。

就如之後會談到的，雖說要將問卷或自我檢測式的ＥＱ資料直接用於商業領域，確實有一些必須注意的問題，不過，那也只是在實際收集資料或調查時才需要考慮。就收集點子、構想的角度來說，我們所要思考的是，如前述的各種可能性，以及其中有哪些解釋變數的資料是非取得不可的。

15 針對人事的分析步驟③ 收集必要的數據資料

挖掘出埋藏在公司裡的數據

點子收集完後，接著就來著手收集實際數據。

在進行新的調查之前，建議你最好先瞭解一下公司內有哪些既有的人才相關資料。就算是未電子化的紙本資料，像是剛進公司時填寫的履歷或應徵資料等，看了應該就能知道該名員工的教育背景，以及所具備的知識和經驗等。雖說依進入公司的時期不同，這些資料的形式多少會有些改變，但若雇用時有做SPI之類的測驗，就表示針對每位員工，公司都已測量過其語言及數字處理相關的認知能力指標，還有內省性及成就欲望等人格特性指標。

此外，若是大型企業，還可能因接受各種智庫或調查研究公司的服務，而引進了各式各樣如員工的工作動機或抗壓性等項目的調查。這些調查多半都在提出一些匯總結果報告後便結束，不太會有什麼進一步的運用，然而，一旦以本書所介紹的架構來進行分析，有時就會發現其中某些項目，對員工獲利能力的影響比想像中還高出許多。

像這樣的「未被充分利用的調查結果」，很多其實並不隨便，其中不少往往是基於某些可能影響經營管理的理論，由專家下了不少功夫而做出來的。即使是每年應該都有定期接受調查的員工本身，可能都忘了有哪些調查是針對公司員工進行的，但既然都要做分析了，這些資料也一定要拿來利用才好。

而除了非數位的調查外，在由公司所管理的資訊系統或Excel工作表裡存在有哪些資料這方面，也是很重要的觀點。像是每位員工的出勤日數、上司的評價等資料，多數公司應該都有保存。另外，若是專案管理做得很徹底的公司，在其內部某處肯定藏著哪個業務員接到的哪個案子、由誰負責做了哪些工作、花了多少時間、支出了多少費用，又入帳了多少金額等資料。

依據分析者的身分、立場不同，這些資料不見得全都有權限可取得，不過還是值得多多用心，善加控制匿名化及參與分析專案的人員結構，以盡可能運用各種多樣化的數據。

成果設定的注意事項：妥善補足缺乏的數據

待這些資料都收集齊全後，便要思考如何定義出一個盡可能與預定成果一致的指標。例如：很多時候照理說，想知道的應該是個人所帶來的確切利潤，但在成本部分，就算知道商品的賣出金額與當初的採購金額，若沒計入至賣出為止的廣告及公關招待等費用的話，數據依舊不算完整。以這樣的利潤金額為成果會不會有問題呢？——就像這樣，你必須在考量現實中之資料限制的同時，設想出最理想的成果。

而一旦決定了成果指標，就要盡量列出許多可能的解釋變數，不過這些解釋變數和該成果的關聯性，不能是太過理所當然的。例如：在基於結果導向而採取獎金發放制度的公司中，若是將（某種）業績設定為成果的話，那麼以獎金金額為解釋變數就是「太過理所當然」了。

這樣的設定非常可能會得到「獎金金額越高的人，業績越好」的分析結果，但若一味地發給員工高額獎金，業績應該不會因此提升。像這種與成果的關聯性太過理所當然的解釋變數，一開始就不該拿來分析。

大致將公司內既有的資料整理過一遍後，若必要的成果或解釋變數資料有缺，接著就必須思考要想辦法查到哪些資料。

這時，缺乏成果相關資料是最糟的。一旦開始實際深入挖掘公司內部的數據資料，有時就會發生像是想知道各個員工所負責專案的毛利總額，但不知爲何在會計系統中，竟然不存在負責的業務員這項資訊等情況。或者雖然有這項資訊，但不知爲何輸入的都是業務部經理的名字，諸如此類的資料限制可說是時而有之。

在這種情況下，可能就必須在還記得的範圍內，列出過去的交易記錄或交易的客戶，然後讓相關人員幫忙填寫「誰是主要負責的業務員」。

若是無論如何都無法將利潤相關金額和個別員工連結起來，那就必須另外想出一個目前確實可用，且能最恰當地代表員工價值的成果指標。

例如：在最糟的情況下，若完全沒有其他更好的資料可用，那麼甚至可能須考慮以上司的評價爲成果指標來分析。此時，若所有相關人員都一致認同「上司基本上都能對部屬做出準確評價」的話，那就不成問題；但若是擔心「這樣一來，老拍上司馬屁的傢伙可能會獲得高評價」的話，那麼除了上司的評價外，至少要再多取得部屬及同事、客戶等的評價，並採用這些評價的平均值，亦即使用所謂３６０度評鑑的結果會比較好。

另外補充一點，本章先前已介紹了溫曲魯等人的整合分析結果，而在該篇論文中，除了「業務員的銷售業績」外，他們其實也有對「上司的評價」這一成果進行同樣的分析。在銷售業績方面，成就導向性、銷售能力測驗、適性測驗是否顯示了對業務工作的意向性這三點是重點所在，但在上司的評價中是否被認爲「優秀」這部分，則出現了不太一樣的結果。

換句話說，相較於成就導向性這一心理特徵和實際業績的關聯性，該特徵和上司的評價並不是那麼相關，而在實際銷售業績上，不太看得見相關性的一般認知能力（亦即ＩＱ）和經歷是否傲人等因素，則在上司的評價方面顯得相當重要（圖表２-５）。

說得直白點意思就是，上司們對於「應對時顯得聰明靈巧且擁有傲人職歷的

圖表 2-5　影響業務員評價與實際績效的因素差異

屬於人格五大特質的因素	對上司評價的解釋力	對銷售業績的解釋力
外向性	0.03	0.05
情緒穩定性	0.01	0.01（負的影響）
協調性	小於0.01	小於0.01
嚴謹性	0.04	0.10
開放性	0.01	小於0.01
（以下為子項目）		
親和性	0.01	0.02
說服力	0.08	0.07
成就導向性	0.06	0.17
可信賴性	0.03	0.03
其他因素	**對上司評價的解釋力**	**對銷售業績的解釋力**
綜合認知能力	0.10	小於0.01
一般認知能力	0.16	小於0.01
語言能力	0.02	0.08（負的影響）
數字處理能力	0.01	小於0.01
嚴格的個人主義	0.04	—
銷售能力測驗的成績	0.20	0.14
經歷	0.27	0.08
年齡	0.07	小於0.01
適性測驗	0.25	0.25

人」往往會做出高於其實際業績表現的評價。我不確定在各位的公司裡是否也有這種傾向，不過能事先注意到「有這種可能性」是最好的。

解釋變數相關資料的擴充：人格特性的測量方式

和成果相比，解釋變數相關資料的不足還算是小問題，但若是因此無法判斷好不容易才想到的解釋變數與成果是否具關聯性，那也挺可惜的。

例如：就算所有相關人員再怎麼有志一同地認為「比起ＩＱ（一般認知能力）什麼的，能否在不講理的顧客面前控制好自己，並冷靜從容地談生意，才是眞正關鍵！」但若缺乏資料，也是莫可奈何。如果能用的資料只有寫在履歷上的學歷和專業證照的有無，以及進公司時的筆試與面試成績等的話，怎樣都無法得知自制力到底能對業績表現造成多大影響。

這時就該考慮實際調查一下自制力的部分，但這種資料可不是弄個問卷調查讓他們對「你認為自己是很有自制力的人嗎？」這種問題回答是或否就能搞定的。

就和出什麼樣的題目才能正確測出ＩＱ一樣，要問怎樣的問題、並讓人如何回答才能測出人格特性這部分，也是需要專業知識的。並不是說用想得到的問題來做調查有什麼不好，只是請各位務必記住，在人的個性及心理等特性的測定背後，可是存在有著如後述的「變數縮減」之類比想像中更難的難題。

要自行設計出合適的問題，並以適當的搭配組合來測得人的特性，是個極度艱鉅的任務，與其自己來，還不如直接利用由專業統計心理學家們所製作的量表，來取得資料以進行分析，會簡單得多。

只要將你想知道的概念和「問卷量表」之類的詞彙一起輸入至Google進行搜尋，意外地就能輕鬆找到由心理學家所設計的心理測量量表。或者以日文的量表來說，你也可參考由SAIENSU-SHA所出版的《心理測定尺度集（暫譯：心理測量量表集）》，全套共六本，其中收錄了至今爲止由人們所設計的各種心理測量量表。

近年來，許多心理學家們都致力於設計出「能以盡可能少的項目，準確測出心理特性的量表」，像人格五大特質就能以10個問題測出。若只有10題的話，在進行其他調查時，讓大家順道回答一下，應該一點也不麻煩。

但即使量表本身設計妥當，實際上能否用於公司業務流程那又是另一回事了。例如：在日本也曾一度十分流行高爾曼所提出的EQ，而用來測定這類非認知能力的問卷量表可謂各式各樣，種類繁多。這樣的問卷能測出自制力的說法並非謊言，然而，一旦發現所測出的自制力確實可充分解釋業績表現，於是打算將之應用於聘僱作業的話，會發生什麼狀況呢？

對於ＩＱ之類的測驗，就算受測者再怎麼想「表現得更聰明」，答不出來的題目就是答不出來。但若是知道自制力高較容易在工作上成功的話，要在答案上刻意造假，想辦法提高自己的自制力得分，應該不是太困難的事。

若是如此，那麼在測量非認知能力時，不靠本人回答而是採用旁觀者評價，或許會是比較好的做法。又或者，其實也有一些應用心理學家發明了幾種更複雜、讓人更難刻意撒謊造假的實驗方法。

像是「給受測者一個沒有答案的謎題，看他能堅持多久不放棄」或「給受測者一個裝有彈簧的握力器，看他能握住多久」等做法。另外，還有以紅色寫個「綠」字、以藍色寫個「黃」字等，看受測者能否在文字意義和所顯示出之實際顏色不同的狀態下，正確辨識顏色並回答。像這樣的測試有時也被用來測量自制力。甚至還有一種測驗是要求受測者持續專注於某畫面並答題，但同時於一旁播放笑聲不斷的短劇節目，以觀察受測者會不會不知不覺地分神而轉移視線。

當然，若只是爲了測定自制力，就用沒有答案的謎題而把應徵者長時間困在那兒，的確會有不妥之嫌，但若是做爲工作樣本測試的一環，將這種題目融入其中，或許還算合理可行。例如：提出一個資深老手也解決不了的難題，然後從「一直努力嘗試不放棄／試到一半就失去專注力而投降」的觀點來進行評分，在某個程度上，或許就能得到反映了這種非認知能力的評價。

商業上的調查和學者研究不同，商業調查與損益密切相關。這對分析並應用該分析結果的企業來說是如此，而對於希望被雇用的應徵者、想加薪的員工，或是希望獲得划算交易的顧客來說也同樣成立。在他們之中，有些人和所取得之數據資料及分析結果有著直接的利害關係。因此有意無意地，多少都會提出偏頗的答案，這點我們當然一開始就必須先設想到。

因此，在資料的取得方式上多下點功夫，以免資料因這種利害關係而有所偏頗，或是即使資料出現偏頗也能夠修正這點，正是在進行人才相關的分析時最重要的關鍵。

16 分析所取得之資料

針對人事的分析步驟④

高度相關的解釋變數要做「變數縮減」

一旦實際收集到所有必要資料後，便可著手分析。而基本的分析流程和在第1章思考經營策略時一樣，只有一點不同。那就是在人事的分析上，比起以企業爲對象時，通常會以各種形式測定許多抽象元素，故有時必須進行所謂的變數縮減處理。

先前我曾提到，斯皮爾曼認爲古典文學的測驗成績、音樂的測驗成績，甚至連反應速度等，都可用一般智力（g）這個單一軸向來解釋。這就等於是將各種測驗的成績縮減成單一軸向。同樣地，八〇年代的心理學家也將過去所發現的各種人格特性，以人格五大特質的形式，縮減成了五個軸向。像這樣將眾多變數統整成數量較少的幾個變數，稱爲變數縮減。

以SPI之類由專家精心設計而成的心理測驗工具（在專業術語中，有時也稱做測量量表）來說，應該不太會有其中的不同指標彼此間高度相關的現象出現。如果你眞的發現了這種事，就該向Recruit公司的業務員提出質疑。

而自行設計出多個新問題，或是要合併運用如人格五大特質及SPI的性格測驗等不同來源的量表來進行調查時，務必特別小心。至少要確認一下相關係數才行，畢竟相關係數用Excel的「分析工具」功能或CORREL函數等就能輕易計算出來。

舉個例子，假設在使用專家設計的人格五大特質相關量表來進行調查時，你自行多加了四個問題項目。而對於這些問題項目，受測者都是以「完全不符合」到「非常符合」的五等級評分來回答。結果計算人格五大特質的得分與各問題項目間的相關係數後，得到如圖表2-6的數據，那麼我們該如何看待這樣的數據呢？

相關係數從多大開始算是「大」這點，在數學上並無明確分界，不過依慣

圖表 2-6　新增的調查問題與人格五大特質得分的相關性例子

	外向性	協調性	嚴謹性	情緒穩定性	開放性
你是否對任何工作都很積極努力？	0.73	0.08	0.31	0.12	0.03
你的人生是否有明確的目標？	0.02	0.03	0.11	0.19	0.08
你喜歡看令人感動的電影或電視劇嗎？	0.17	0.29	0.04	-0.05	0.10
再怎麼忙你也依舊是有恩必報嗎？	0.19	0.23	0.18	0.11	0.06

例，在心理測驗方面有個簡單的準則，那就是當相關係數大於0.3～0.4或低於-0.3～-0.4時，就該要注意。而相關係數只會出現-1～1之間的值，一旦值爲中間的0，即代表「完全不相關」。

依這樣的標準來看，讓受測者以五等級評分回答「你是否對任何工作都很積極努力？」這一問題所獲得的結果，與人格五大特質中的外向性可說是高度相關。此外，也必須注意到與嚴謹性的相關性。換句話說，「外向性高的人較偏向於回答自己對任何工作都很積極努力」。因此，特地問這種問題很可能根本沒什麼太大意義。像這樣的問題就該去除，下次調查時請別再用了。

多元回歸分析中，包含彼此高度相關的

解釋變數這種事，對統計學來說是不可取的，畢竟專家們爲了建立標準所做的各種考量很可能會因此白費。

兩個相關項目的得分可合併計算

除了對工作的積極性之外，人生的目標意識、喜歡感動人心的故事與否，以及是否有恩必報等調查項目，似乎都跟人格五大特質的得分不那麼相關，然而，我們可不能就此滿足。因爲我們自己設計的調查項目之間也可能具有高度相關性（圖表2-7）。

將這部分也加以確認後發現，人生的目標意識與另外兩項幾乎完全不相關，但「喜歡感動人心的故事與否」和「是否有恩必報」則是彼此相關，這部分也必須處理才行。而此時的處理方法大致可分爲兩種，亦即「只採用其中一者來分析」，或是「將兩者的得分合併計算爲新的解釋變數」。

若是前者，就必須決定要採用哪個項目，而其中一種決定方式就是採用「與（做爲成果的）業績的關聯性較密切、直接者」。換言之，以此情況來說，光是知

圖表 2-7　新增的調查問題間的相關性例子

	人生的目標意識	喜歡感動人心的故事	有恩必報的態度
人生的目標意識	1.00	0.04	-0.02
喜歡感動人心的故事	0.04	1.00	0.65
有恩必報的態度	-0.02	0.65	1.00

道一個人愛看感動人心的電影或電視劇，也很難想像他在工作上是能幹的。但喜歡這類東西的性情中人，通常都會與同事及部屬、顧客等交心，於是業績表現便因此提升？這是個還滿合理的推測。若是如此，那麼該分析的就是有恩必報的態度了。

至於合併計算兩者得分的做法，則較適用於「兩者都差不多重要」或「比起各問題的答案如何，更重要的是兩者所共通測量的『某個因素』」的情況。亦即以本例來說，比起愛不愛感動人心的故事或有恩必報與否，兩者背後共通的「性情中人度」應該才是真正左右了業績表現的因素。這樣的話，乾脆合併計算兩者得分，定義出一個「性情中人度得分」就好了。

有數個項目彼此相關時，就採取「因素分析」

本例是以人格五大特質之類由專家建立的量表，再加上少量的幾個自訂問題來進行調查。不過，實際上也可能想出更多自訂問題，且其中還有不少問題都彼此密切相關。

一旦新增的調查問題超過20～30個，就可能會有某一問題同時和其他多個問題相關，這時該如何合併計算哪些問題項目，又或是該排除哪些問題項目等，就會變得複雜難懂。

在這種狀況下該要進行的，就是所謂的因素分析。因素分析的詳細用法說明已超出本書範圍，故若有需要，請參考坊間的相關專業書籍。而在此爲要各位介紹的是列在豐田秀樹所著之《因子分析入門（暫譯：因素分析入門）》（東京圖書出版）裡，針對性格測驗問題項目所做的因素分析結果（圖表2-8）。

直覺敏銳的讀者們可能已經發現，這些其實全都是用於測量人格五大特質的問題項目。像是關心他人的情緒及幸福與否、對小孩的關注、擅長安慰他人或讓人安心等的協調性。另外，還有能耐得住艱苦的工作、一切都要依計畫完美進行絕不浪

圖表 2-8　因素分析的結果例子

	第一因素	第二因素	第三因素	第四因素	第五因素
不關心他人感受	**-0.41**	0.05	0.13	0.22	-0.03
關心他人幸福	**0.60**	0.06	0.08	-0.03	0.01
懂得安慰別人的方法	**0.66**	0.00	0.18	-0.03	0.02
喜歡小孩	**0.45**	0.19	0.10	-0.06	-0.17
能讓人安心	**0.55**	-0.05	0.27	-0.14	0.05
耐得住艱苦的工作	0.00	**0.55**	-0.06	0.07	0.16
堅持一切徹底完美	0.08	**0.67**	-0.12	0.13	0.06
依計畫行事	0.09	**0.59**	-0.09	0.03	-0.08
做事半途而廢	0.06	**-0.68**	0.02	0.10	-0.01
浪費時間	0.03	**-0.58**	-0.12	0.13	0.11
沈默寡言	-0.06	0.15	**-0.64**	-0.13	-0.08
難以主動與人攀談	-0.06	0.02	**-0.71**	0.03	-0.05
懂得發揮個人魅力	0.25	-0.06	**0.46**	0.09	0.31
和任何人都能很快變成朋友	0.31	-0.04	**0.62**	0.02	-0.06
熱心助人	0.04	0.23	**0.46**	0.22	0.21
暴躁易怒	-0.15	0.02	0.17	**0.91**	-0.06
容易焦慮不安	-0.14	0.04	0.10	**0.86**	0.00
情緒多變	0.06	-0.03	-0.07	**0.68**	0.01
經常沮喪憂鬱	0.09	-0.13	-0.39	**0.40**	0.09
動輒驚慌失措	0.20	0.00	-0.20	**0.44**	-0.14
想像力豐富	0.01	0.03	0.12	0.00	**0.53**
不把自己的想法強加給他人	0.17	-0.09	0.05	0.16	**-0.46**
能進行有深度的對話	0.07	-0.04	0.21	0.03	**0.63**
會花時間徹底思考事物	0.16	-0.04	-0.31	0.06	**0.37**
不曾深入探究某個主題	0.08	-0.04	0.06	0.11	**-0.52**

費時間等的嚴謹性。

這裡顯示的數值並非相關係數，而是被稱做因素負荷量（Factor Loadings）的東西，範圍也在-1～1之間。針對所有因素以粗體標示之相關問題項目的因素負荷量約莫都在0.4以上，且其他（與其他因素相關的）問題項目的因素負荷量都不到0.4（最好不超過0.3）的狀況是最理想的，此例雖不完美但基本上符合標準。

既已整理至此，接著就把與同一因素相關的項目，得分加總起來，定義成該因素的得分。例如：「外向性得分」。由專家所設計的問卷量表在整理至如此整齊清楚之前，往往都在問題的內容方面下了很多功夫，也做了很多的取捨選擇。

此外，像「不關心他人感受」這一項目與其他協調性相關項目，是呈現出「回答方向相反」的狀態。這種有時也稱做反向題（Reverse Scoring），加總時不能直接相加，而是要依據1～5的原始得分，將1反轉成5、2反轉成4……之後，再加起來。這不僅限於因素分析時，在如前述加總兩個高度相關的項目時也是一樣。

這樣的處理作業需要高度的注意力與大量勞力，因此在調查階段就先抱著「盡量能免則免」的原則，也是個不錯的選擇。換言之，就是只用專家設計的量表來分析，而且不要同時採用多個聽起來類似的判斷標準。

接著決定要用多元回歸分析，還是邏輯回歸

將所調查之解釋變數間的相關性整理到這種程度後，接下來的步驟，基本上就和第1章一樣了。

若成果為收益或毛利的金額，或是處理完成的業務件數等量化數值，就可進行多元回歸分析和自動變數選擇。且如前所述，還可依需要將成果的數值轉換成對數。若成果為被某人評價為「優秀與否」的質化資料，那就用邏輯回歸取代多元回歸，並同樣進行變數選擇。

另外，就如我在前一本《統計學，最強的商業武器【實踐篇】》裡提過的，也有人認為與其用因素分析縮減變數後再做回歸分析，基於推估的精準度等觀點，應該要用結構方程模式等一口氣分析完變數之間的關聯性會更好。

說來有些囉唆，不過，將人才的優秀程度分為「非常優秀／還算優秀／普通／不優秀／一點也不優秀」的五等級評分時，也可直接針對成果，用所謂的順序邏輯回歸方法來分析「哪個解釋變數與優秀的等級相關？」但我個人不太推薦這種做法。

因爲區分「非常優秀的人與其他人」的因素，和區分「普通以上的人才與蠢才」的因素，往往是完全不同的。儘管都是想延攬優秀人才，分析前還是要先想清楚，到底是無論如何就是要爭取到非常優秀的那一小撮人，或只是想避免老鼠屎並提高整體水準。

像這樣釐清目的後，即使原始資料爲五等級評分，也最好是重新建立「非常優秀／其他」或「普通以上／以下」之類的二分式成果，再進行一般的（二元或二值）邏輯回歸分析會比較好。當然，若這兩種資訊都很重要、而你也都想知道的話，請務必兩者都分析看看。

由於多元回歸分析的結果我已在前一章介紹過，故在此爲了學習解讀邏輯回歸的分析結果，假設我們得到的是如圖表2-9的結果。此外，假設所分析的成果是來自上司及同事等360度評鑑中的「是否爲前5%的優秀員工？」這一調查項目。

接著，就來詳細說明此分析結果的解讀方式，以及如何運用它來增加獲利。

圖表 2-9　針對「是否為優秀員工」而做的邏輯回歸分析結果例子

解釋變數	比值比	95%的信賴區間	p 值
男性	0.96	0.92～0.99	0.034
年齡（歲）		—	
進公司時的筆試成績（分數）		—	
進公司時的面試評價（五等級評分）		—	
外向性（分數）		—	
情緒穩定性（分數）	1.08	1.01～1.16	0.026
協調性（分數）		—	
嚴謹性（分數）	1.13	1.03～1.24	0.012
開放性（分數）		—	
消耗品費用（萬日圓）		—	
旅費交通費（萬日圓）		—	
公關交際費（萬日圓）		—	
會議開支（萬日圓）	0.98	0.96～0.99	0.048
書報雜誌費（萬日圓）	1.03	1.01～1.05	0.003
請整天假的次數（次）		—	
請半天假的次數（次）	0.83	0.75～0.92	<0.001

17 針對人事的分析步驟⑤ 對分析結果做出解釋

邏輯回歸的解讀方法複習

一旦有了分析結果，就該解釋其意義，然後思考該採取怎樣的措施。

本章以某企業的業務員為對象，取得以360度評鑑，亦即不只上司，也包括同事和部屬等所有相關人員之評價綜合計算而得的「是否為前5％的極優秀員工？」指標，並以之為成果進行分析，而接下來便將以此為例來說明。在可能的解釋變數方面，除了基本的性別和年齡之外，還取得了應徵時的考試（筆試及面試）成績記錄，再加上各員工的人格五大特質測驗得分。

此外，更從公司內部系統取得了每個人在公關交際費、差旅交通費、書報雜誌費等方面分別支出了多少萬日圓，以及一年請了幾天的假（全天和半天假分開計算）等出勤資訊，來做爲解釋變數使用。

針對這些解釋變數進行變數選擇後，所得到的分析結果如圖表2-9，這時你能從中讀出哪些訊息？又該據此採取怎樣的行動呢？

關於邏輯回歸的詳細說明，同樣請參考前一本《統計學，最強的商業武器【實踐篇】》，在此我只大略介紹一下分析結果的解讀方法。簡略地說，比值比就是指，可由邏輯回歸的結果得到，代表了「其機率（本來很小）大約會變成幾倍」的結果指標。例如：我們這個例子考慮的成果是「是否爲全體前5%的優秀員工？」而這勉強算是個「夠小」的範圍。其中男性的比值比爲0．96，意思就是男性員工與其他（亦即女性）員工相比，爲此種優秀員工的機率是約0．96倍。也就是說，若女性員工裡有5%的人都是優秀的，那麼男性員工裡的優秀者比例，就約莫是其0．96倍，亦即4．8%左右。

必須注意的是，若該機率本來就「不夠小」，這種「機率會是幾倍」的關係就不會是這樣。例如：在80%的女性都是優秀員工的狀態下，從同樣的比值比所推估出的男性優秀者比例，大約會是79%。爲了讓入門者覺得簡單易讀，本書之後都一律以「機率是幾倍」的說法來表達「比值比爲幾倍」之意。不過，在此還是希望各位能記住，這僅限於原來的機率夠小的狀況。但不論如何，比值比大於1時較容易發生，比值比小於1時較不易發生，且比值比越是比1大很多或小很多時，表示解釋變數和成果間的關聯性越強等，這些都是毫無疑問的。

對於像性別這種質化的解釋變數，我們會採取「當解釋變數符合某條件時，爲優秀員工的機率大約會變成幾倍」的解讀方式。而對於量化的，像人格五大特質的得分或所支出的費用金額等以數字大小表示的解釋變數，則要採取這些數值「每增加1，爲優秀員工的機率大約會有增加爲幾倍之傾向」的解讀方式。以情緒穩定性相關得分爲例，每增加1分，其比值比便爲1.08倍，呈現出爲優秀員工之機率逐漸增加的狀態。此外，像是比值比小於1的會議開支及請半天假的次數等，這些解釋變數則呈現出值越是增加，爲優秀員工之機率越降低的傾向。

而列在比值比旁的95%的信賴區間和p值，其意義就如同前一章所述。95%的信賴區間代表的是，收集無限多數據應該就能得知的比值比「大概就在這個範圍內」。此範圍的兩端若是都比1大，或反之都比1小的話，p值應該會小於

0.05，亦即都表示了此結果「不太可能是單純由資料的變動性所造成」，是可信賴的。還有，比值比分別顯示了各個解釋變數（當其他解釋變數的條件固定時）與成果之關聯性這點，也和前一章所說的一樣。至於表格中比值比、95％的信賴區間和p值被標示為「－」的部分，都是雖做為可能的解釋變數而準備了資料，但經變數選擇處理後，發現在統計上不具顯著性，於是便被刪除了的解釋變數。

有無「違反經驗或直覺的結果」呢？

由上而下地檢視這些分析結果，至少在取得這些數據資料的公司裡，男性比女性優秀的機率較低（也就是女性較優秀），而年齡及進公司時考的筆試、面試等的成績高低，似乎都和優秀度沒什麼關聯。

不過，在人格五大特質方面可看出，其中的情緒穩定性和嚴謹性得分較高者，通常會是優秀員工。然而，與所謂善於交際似乎相關的外向性、協調性、開放性等解釋變數，卻未呈現出與優秀度的關聯。

還有，從預算的使用方面看來，會議開支花得多的員工不怎麼優秀，但書報雜誌費用得多的員工則呈現出較優秀的傾向。至於消耗品費用，和可代表拜訪客戶的次數與出差次數、移動距離遠近等的差旅交通費，以及公關交際費等，目前仍無法判斷這些花費的多寡是有正面影響還是負面影響。

此外，從出勤的觀點來看，請了幾次全天假這件事似乎和優秀度不太相關，但請了幾次半天假則似乎與優秀度有相當高的關聯性。

直接依上述解析所做出的結論，就是「女性、情緒穩定、個性嚴謹、沒什麼會議開支但經常支出書報雜誌費，且不休半天假的人，會是好的業務員，而除此之外的解釋變數目前都還看不出關聯性」。不過，在理解這樣的分析結果時，有幾點是必須要注意的。

首先，就如我已提醒多次的，這成果只是來自於上司及同事等的「優秀與否之評價」。因此，光靠這些資料我們無法明確判斷在該公司裡，女性是真的比男性優秀？或只是女性比男性更容易被評價為優秀？

這點對其他變數來說也是一樣。常休半天假的人可能對工作沒什麼熱情，欠缺自我管理能力，以致於沒能在前一晚妥善調整酒精攝取量（結果隔天上午就請半天假），所以很難成為優秀的業務員。但即使業績表現相同，常請半天假的人仍會因爲給周圍人們印象不佳而導致這種結果。

尤其在出現了違反以往經驗或直覺的結果時，必須要格外小心。這種結果固然可能一改以往做法而帶來極大獲利，但在能夠實際付諸行動之前，往往會遭遇到來自各方的反對意見。因此，最好徹底確定這結果並不是源自於某些單純的失誤。反之，與經驗及直覺十分相符的分析結果，則可能在一句「沒錯，就是這樣」之後便劃上句點。

具體來說，從剛剛的分析結果中，我們得到了「會議開支多的人爲優秀業務員的機率較低」這一結論。一邊吃喝一邊與客戶或合作夥伴溝通等，在業務工作中可說是佔了相當大的比重，但應與次數呈正相關的這個會議開支多寡，竟與業績呈現出負向的關聯性，實在是很令人驚訝。故這時最好再檢查一下「有無數據資料輸入錯誤？」或「是否忘了一些也應納入分析的其他解釋變數？」等會比較好。

例如：在「優秀與否」的評分方面，一旦升上管理職，往往就會因工作性質以及與其他員工的關係而難以獲得「優秀」的高評價。此外，這種人也很容易因其主管身分，導致算在他頭上的會議開支金額顯得特別高等，這類狀況是否都有考慮到呢？

倘若如此，那麼光是因資料中主管們的會議開支金額特別高，再加上所獲得的評價不高等理由，就可能得到這樣的分析結果。在這種情況下，分析時最好將主管排除在外，或是多加一個「是否爲管理職？」的解釋變數後再次進行分析。

像這樣將所有想得到的反駁理由都檢討過一輪，並予以修正、補強後，若依舊能得到違反經驗或直覺的分析結果，那麼它很可能就是個一直以來都被忽略了的重大發現。

另外，就如先前說過的，雇用時的成績是否眞與之後的優秀度無關這點，會不會是因爲「截斷」或「設限」的影響所造成，這也是必須注意的部分。對此，我將在章末的專欄中詳細解說，請各位務必一讀。

話雖如此，但若只是一味地堅持「小心謹愼」，結果完全無法採取任何行動的話，那還不如一開始就不要分析。不論數據資料的量再怎麼大，分析結果再怎麼精細先進，若無法據此採取行動，就不會產生任何價值。

從目前可收集到之資料分析而得的結果，終究也只是良好構想的種子罷了。如果依業界知識可斷定「這理由顯然很怪」的話，那也不必太過堅持。但若無法斷定絕對是錯，也無法斷定絕對正確的話，爲了做出判斷，再進行隨機對照實驗即可。

因此，在大略地解讀出分析結果的這個時間點，於留意各個注意要點的同時，趕快先將思維切換至「依此分析結果可採取怎樣的行動？」會比較好。

應採取的行動——「改變」

依據分析結果所該採取的行動可大致分爲兩種。一種是「改變」，另一種是「替換」。

首先以「改變」來說，如果情緒穩定性高，爲優秀員工的機率就會提升的話，那麼試著提高員工的情緒穩定性，便是該採取的行動方向。

所謂的情緒穩定性，就是不容易生氣、焦躁、沮喪或驚惶失措等，而要「改變」現有員工的情緒穩定性並非不可能。例如：這世上有一種用來控制怒氣的所謂憤怒管理技術，市面上有不少相關書籍，更有這方面的訓練專家存在。實際上還已經有人做過以憤怒管理訓練，來提升非認知能力的隨機對照實驗。

透過這類課程來改變「情緒穩定性」這一解釋變數，藉由這樣的變化間接地讓既有的員工變得更優秀，就是其中一種做法。

除了情緒穩定性之外，例如：爲了提升工作再難也會照計畫徹底完成的所謂嚴謹性，於是想辦法改善前述的自制力，這也屬於「改變」型的行動。光是每天有意識地持續保持正確的態度，或者時時記得用字遣詞要文法正確且親切有禮等，自制力便會一點一滴地增加。像這樣的研究也早已有人做過。

此外，像是盡量不約在餐飲店，而刻意增加白天在辦公室洽談生意的次數；又或是鼓勵員工以公費購買業務相關書籍、建立可與團隊分享所閱讀內容的環境等努力，應該也都能算是「改變」型的行動。

爲了驗證這種「改變」型的行動是否有效，我們可將員工隨機分群。針對其中一群實施能提高情緒穩定性或嚴謹性、書報雜誌費的支出金額等解釋變數的訓練課程，另一群則實施一直以來都有的一般訓練。經過一段時間後，再對兩個群體進行統計分析，看看產生了多大的業績表現差距即可。

若依據分析所得的p值可判斷「群組間的業績差距並不屬於偶然變動之程度」，且該差距足以支付訓練相關成本的話，就代表各位的公司成功發現了提升員工業績表現的方法。

應採取的行動——「替換」

但也許不是所有的解釋變數對既有員工來說都是「可改變的」。

像性別就是個最淺顯易懂的例子。就算女性爲優秀業務員的機率高於男性此分析結果確實正確，我們也不可能叫既有的男性業務員都去變性。其他如年齡、出身地區等各種屬性也是一樣。在這種情況下，「改變」型的行動是派不上用場的。又或者像剛剛關於「書報雜誌費的金額」部分，很可能不是讓員工照上司的指示去買書就會變優秀，而是本來就會主動用公費去買書的員工多半比較優秀罷了。以此情況來說，「改變」型的行動也是行不通的。

這時我們需要的，是另一種所謂「替換」型的行動。儘管要讓既有的員工改變很難，但我們可在今後雇用員工時替換標的。也就是說，不像以往那樣只是以經歷、筆試及面試來決定雇用與否，而是目標明確地提高女性和經常閱讀業務相關書籍者的雇用比例。換言之，就算無法改變每一個人，我們還是能將全公司的整體員工改變成優秀者比例較高的狀態。

而像這樣替換雇用標的之做法，當然也能進行隨機對照實驗。例如：將負責聘僱工作的人員隨機分成兩半，把聘僱流程一分爲二。針對其中一群，要求他們著重於雇用女性及愛讀書者，另一群則照常進行一般的聘僱活動。當然前者的群組也可能雇用男性或不愛看書的人，但經過一段時間後，若發現由不同群組所雇用的員工有出現難以視爲偶然的業績差異的話，那麼就該全面性地改變公司的聘僱方針了。

人力資源管理措施的可能選擇——「HPWP」

最後，再爲各位介紹一個證據，以做爲考慮這類措施時的參考。在歐美企業的人力資源管理方面，有一種名爲高績效工作實務（HPWP，High Performance Work Practice）的方法備受矚目，而其效果實際上也已透過系統性回顧獲得證實。

HPWP一般是由聘僱活動、人才選拔、業績評價、升遷、職務設計、公司內部資訊共享、教育訓練、員工對工作與生活平衡管理的參與、（來自員工的）投訴處理程序、態度評估、授權、團隊合作、激勵獎金等部分所構成。也就是對於適合自家公司工作的優秀人才，要以怎樣的方法（例如：要採用哪些徵才媒介，或是否要像Google那樣著重於員工的介紹等）接觸，又要以什麼樣的選拔或評估方式來判斷應徵者的能力及合適性、工作熱情，還有目前的工作態度等，以決定是否雇用、是否予以升職等。接著，超越主管的經驗與直覺，該如何設計業務內容和工作與生活的平衡、提供員工所需之資訊與權限，還有訓練課程、建立團隊、依據哪些技能的取得及業績標準來發放獎金等，即所謂HPWP的思考方式。

不論在哪個國家、地區、業界，系統性回顧的結果都證實了，越是努力實行這種HPWP的企業，業績表現就越好。

簡言之，這些就是在人力資源管理上的一些有效措施。當然，也不是一味地推動這些措施就行了，其中像是激勵獎金的處理就必須特別小心。以每個人獨立作業且其工作成果的質與量都很容易評量的定型業務來說，針對個人生產力發放的獎金就具有正向效果。

例如：在美國便有個汽車玻璃組裝工廠，改採按件計酬形式（依照所組裝完成的玻璃窗數量）而非時薪制來支付工資後，不僅產能提升了，生產力高的員工其離職率也隨之下降。

但若是重視團隊合作的工作，或是工作成果的質與量很難客觀評量的工作，可能就不適合將獎金與個人業績直接連結。以著重團隊合作及客戶滿意度的業務團隊來說，若只依個人的銷售業績發放獎金，那麼別說是彼此支援了，成員們甚至會爲了增加銷售業績，不惜犧牲對客戶的支援服務，就長期來看，其負面影響可能還更大。

在這種情況下，有一種與員工分享企業利潤（例如：依據事先決定好的標準，將一定比例的公司獲利分享給全體員工）的所謂利得分享（Gain Sharing）機制，更能不受企業的狀況影響，有效提升員工的績效表現，而這部分也已獲得系統性回顧的支持。

運用至此爲止所學到的方式，各位應該已經能夠知道，可對自家公司或部門的業績做出貢獻的，到底是怎樣的員工及組織特性。而爲了增進這樣的特性，除了從該改變或是替換些什麼的觀點來思考外，也請務必想想在上述ＨＰＷＰ所包含的眾多措施中，有哪些是你們目前所需的。

若能持續進行像這樣從既有資料中提取假設、考慮行動、實際驗證的循環，那麼在各位公司的各個部門裡，適才適性的優秀人才應該就會逐漸增加才對。

18 本章總結

現在來總結一下至此爲止的內容。做爲策略分析上的重要觀點，第1章介紹了所謂「該選擇怎樣的市場？」之外部環境，以及公司內部的能力、經營資源等優勢條件。而一般來說，這種企業的個別優勢往往對獲利有很高的解釋力，企業所具備之優勢，足以解釋企業獲利中的三到五成左右這點，是已爲管理學家們所發現的事實。

企業的優勢包括了人才與組織的狀況、財與物等有形資產、可透過行銷等獲得的無形資產，以及所擁有的技術……等等；但在本章中，我們首先著眼於其中關於人才部分的優勢。依據既有研究，最優秀程式設計師的生產力是遜咖程式設計師的10倍，是一般程式設計師的5倍。

另外，施密特與杭特整理了八十五年間的大量研究後發現，即使在不需特殊技術的單純工作上，優秀員工的生產力也比一般員工多了19%，而在需要專業能力的工作或管理職上，甚至多了48%。因此，從企業內的人力是否多數都爲優秀人才的觀點出發，並妥善運用數據資料，應該就能得到很棒的結果。

但必須注意的是，採用所謂IQ之類的指標，以一般普遍認爲優秀與否的觀點，不分職種地進行聘僱的做法，其實不太有效率。就像許多研究領導力的管理學家們已在一九九〇年代注意到，優秀與否或生產力的高低等，是屬於個人特質與所在情境合適與否的適性問題。

依據前述由施密特與杭特所做的、不分職種的系統性回顧研究結果，IQ和SPI之類的一般認知能力測試，可解釋業績表現的26%左右。但由溫曲魯等人針對業務員業績所做的系統性回顧研究卻發現，一般認知能力對銷售業績的解釋力連1%都不到。

若這結果也適用於日本國內的話，各大企業都只是一味地雇用高學歷且SPI

得分高者，在本人並不特別感興趣，也沒展現出什麼合適性的狀態下，就硬是讓他們去做業務工作，是非常可惜的。這對企業、對被雇用的人，甚至對社會來說，都是如此。

照溫曲魯等人的研究證據看來，還不如以對業務工作的興趣與合適性、性格的嚴謹性等來挑選應徵者，這樣會更有機會有效率地雇到優秀的業務員。

反過來想，若能透過數據資料，針對左右了自家公司業績的特定職種，找出怎樣的能力與特性和高生產力及高業績相關，又是怎樣的能力與特性不必太重視等資訊的話，要找到以該工作爲天職的優秀人才想必會容易很多。

或是針對既有員工提供必要的培訓與機制，或許也能夠大幅提升生產力及業績。

基於權變理論的概念，學者們發現的所謂「什麼樣的人生產力較高」等一般性原則，不見得適用於你們公司。只要好好分析自家公司的眞實數據，說不定就能發現競爭對手還未注意到的成功人才的秘密也說不定。

因此，本章建議進行如圖表2-10所示之分析。

成果要盡可能小心地設定爲，與獲利及生產力直接相關的業績指標。需要下點

圖表 2-10　第2章的總結

成果	•（盡量與獲利及生產力直接相關的）業績 • 若無客觀指標，就用盡可能公平的評價
分析單位及其範圍	•（工作內容幾乎可視為相同的）員工 • 可依需要加入其他公司的同職種人員
解釋變數的例子	• IQ及SPI之類的認知能力（包含多個因素） • 特定領域的知識、經驗 • 興趣嗜好 • 年齡、性別、學歷等屬性 • 人格五大特質等人格特性 • 出勤狀況、所支出費用、業務活動等記錄 • 組織因素及其認知
資料來源的例子	• 雇用時的評選記錄 • 持續進行的公司內部調查／問卷調查 • 另外新增的調查 • 累積在公司內部系統及Excel檔內的業務記錄
分析手法	•（運用了變數選擇的）多元回歸分析及邏輯回歸 • 在自行設計新的問題項目等情況下，還會用到因素分析等

功夫，若個人所帶來的利潤及銷售額是很明確的，就採用該數字，或是調整成在工作負擔上無偏頗的作業量等。若無論如何都很難有這樣的客觀指標可用，那就盡量以公平的優秀與否評價來做爲成果。這時，爲了避免有些人只因受上司偏愛便獲得高評價，將同事等相關人士的評價也一併納入使用，或許會比較妥當。

分析單位是人，而做爲分析之目標對象的可以是業務員或客服人員等，基本上，就是盡量以工作內容幾乎可視爲相同的員工爲對象。分析對象至少要有數十人，最好能有數百人以上，但若適用的對象多達數萬人時，則即使都同爲客服人員，能進一步依據所面對的顧客或所處理的商品類型來分成「盡可能同質」的範圍，應該會比較好。

此外，若只限公司內部時人數會不夠，或是資料有所偏頗的話，可將公司外的其他員工也加進分析範圍，又或是由第三方來提供解釋變數及成果的評價資料以進行分析。

而在解釋變數的部分，最常見的就是如IQ及SPI得分之類的認知能力。認知能力除了統整爲單一軸向的一般認知能力形式外，也有分成數字處理能力及語言處理能力等多個軸向來計算得分的形式。還有，對該種工作而言必要的專業知識和經驗、技術及資格證照、對該工作有興趣與否、該本人有怎樣的興趣嗜好等在聘僱時隨意收集的資料，也都可能成爲重要的解釋變數。

另外，由於有許多既有研究都指出，由心理學家們所想出的各種包括人格五大特質在內的心理特性，都與業績具關聯性，故最好確認一下是否已做過這類調查？或是考慮能否進行這類調查。除此之外，若能從公司內部系統等處取得如出勤狀況及所支出的費用、業務活動等記錄的話，這些也都能成爲有用的數據。

爲了避免焦點模糊，本章刻意將討論範圍縮限於「個人的能力及資質」部分，但除此之外也還有其他應考慮的解釋變數。例如：所謂的組織因素。也就是像職場上的人際關係、公司內的氣氛、上司與部屬的關係等這些因素。回頭檢視第70頁的圖表1-13，的確還有將組織因素加入至分析的空間。

具體來說，儘管應是優秀人才，但若是處於不容許失敗、大家總想互扯後腿的職場氣氛中，那麼其能力可能會無法發揮。反之，即使本人的業績沒有很好，但若他是個能夠讓公司氣氛變得積極，並會提供各種協助好讓同事能專注於自身工作的員工，那麼藉由改善這種組織因素，或許就能帶來超乎想像的極大貢獻也說不定。

目前已有許多企業及研究人員開發出各式各樣的員工滿意度調查表，其中包括了對人際關係與企業文化、職務、薪資和福利制度等的認知調查。除了考慮另外進行此類調查外，若已有做過一些相關調查，也可將既有的該類資料納入分析，如此應該就能看出有哪些組織因素較重要，而改善那些因素後，又會對業績有多大影響等。

此外，依系統性回顧研究的證據顯示，員工滿意度高時生產力往往也較高，而職場的社會資本（Social Capital），亦即是否覺得同事及上司可信賴的程度等，也同樣是越高生產力就越提升。不過，員工的流動率則是越低越有助於生產力的增加。若能在實際調查時也問一下這類問題，或許會很有用。

另外還有一點，這對許多商業人士來說可能是難以控制的，但就某種意義而言，所謂最終極的人事就是經營團隊由誰來擔任這件事。

例如：美國哥倫比亞大學的漢布瑞克（Donald C. Hambrick）等人，便曾於一九八四年提出企業的能力與特性是以其管理階層的能力與特性爲基礎的所謂高層理論（Upper Echelons Theory）。不只是單純的資歷高低及派系，也不只是敷衍了事的人才評鑑中心評價而已，若能找出怎樣的人物才算是眞正優秀的經營管理者，並依此委任高層人事的話，或許會對整個公司的業績帶來很大影響。

至於這類資料所該採用的分析方法，若成果爲獲利等以數字大小表示的量化資料的話，就和第1章一樣採取多元回歸分析，而對於「優秀與否」等以質化差異來表示的成果，則使用邏輯回歸。然後同樣依需要進行逐步排除法等變數選擇。此外，若有自行設計新的問題項目，或是將內容有所重複的多個量表用於分析的話，有時可能會需要以因素分析來縮減變數。

像這樣的分析結果，是否眞能顯示出與獲利有關的因果關係呢？即使採取了很複雜先進的技術，我們依舊無法徹底保證。不過以此方式獲得之分析結果，確實能夠基於「能改變的解釋變數就予以改變」、「不能改變的就替換標的」這兩個觀念，提供可能改善獲利的具體行動建議。

若有某些能力及心理特性與業績相關，那麼有沒有什麼辦法可加強這些能力與特性呢？若沒辦法加強，該如何積極雇用已具備這些能力與特性的人呢？如果能想出這類行動、措施，接著就以隨機對照實驗來驗證該行動、措施能對獲利帶來多大影響即可。

只要進行如上述的分析，各位的公司一定也能想出與獲利有關的重要能力，以及可加強該能力以提升獲利的行動。

不過，人才或與之相關的組織因素等公司能力雖然重要，但也只是與企業獲利有關之優勢中的一部分罷了。金融資產和其他公司所難以模仿的設備等優勢固然不易取得，但除此之外，還有可透過行銷等獲得的無形資產（品牌形象，以及與顧客、合作夥伴間的關係等）、所擁有的技術等優勢需考慮。

其實「怎樣的形象能夠獲利？」、「運用了什麼技術的產品能夠獲利？」這些問題，比人才權變理論的條件更爲複雜、更應仔細考慮。怎樣形象及特徵的產品才是有吸引力的，會依商品或目標客群不同而有很大差異。

但即使是這麼複雜的問題，管理學家們也已建立出理論。這便是下一章將介紹的，關於行銷的分析思考方式。

「設限」與「截斷」

我曾實際遇過有客戶運用自家公司的人事資料，嘗試分析了SPI等聘僱應屆畢業生時考的筆試分數與業績的關聯性，但並未發現什麼明確關聯的案例。

這時必須考慮到所謂「設限」與「截斷」的現象。

假設我們知道所有年輕人的筆試成績，以及「若是在本公司工作」的所謂潛在業績，於是畫出了如圖表2-11的散佈圖。

筆試成績的分數越高潛在業績也越高，這一關聯性再明顯不過，其決定係數爲0.81，也就是呈現出「與業績有關的變動性有八成以上可由筆試成績來解釋」的狀態。能夠這麼精準地識別出優秀人才的筆試，在現實中是難以想像的。

不過，當我們將這種筆試用於應徵者的評選時，會發生什麼狀況呢？例如：只雇用筆試得分在80分以上的人，之後再用「公司內所累積的聘僱與業績資料」進行分析，結果便得到如圖表2-12的散佈圖。

圖表 2-11　筆試成績與潛在業績的關聯性（整體）

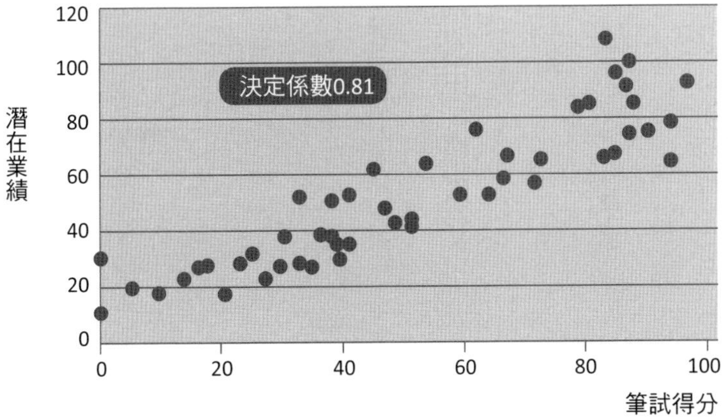

這與剛剛的圖不同，並未顯示出明顯的關聯性。筆試得分僅對業績具有4％左右的解釋力，甚至業績最好的人反而是被雇用者中筆試成績最差的一個。

這正是爲何筆試成績再怎麼能解釋業績的高低，卻仍會發生「使用公司內部資料分析，卻看不出明顯關聯性」這種現象的原因。所以，若只基於這樣的分析結果，便做出「已實際分析過資料，發現依據〇〇來雇用員工並無意義，故往後不再這麼做！」的結論，那就眞的是太過衝動、草率了。

像這種問題一般稱之爲「截斷（truncation）」或「設限（censoring）」。以應徵時的考試成績這種解釋變數來說，別說是所有年輕人的資料了，即使能取得來應徵自

圖表 2-12　筆試成績與潛在業績的關聯性（僅限被雇用者）

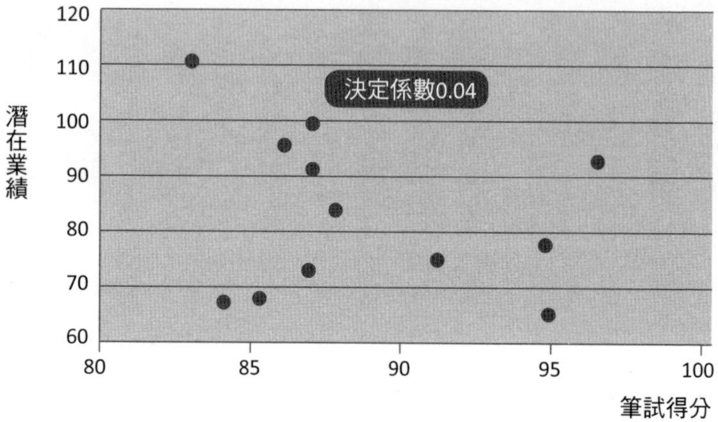

家公司的所有應徵者的資料，若沒實際雇用並讓他工作一段時間，就不可能會有業績資料。但應徵時的考試成績必須高於一定分數才可能被雇用，於是業績這種成果資料，就會發生如剛剛所說的資料「截斷」現象。或者，這「截斷」現象也有可能是因爲來應徵的人，本來就是整體中較優秀的一群人所造成的。

此外，任何人再怎麼優秀，基於測驗或評鑑本身的性質，不論是應徵時的考試還是業績評鑑，絕不會有超過１００的，也不會有不到０分的。在剛剛的圖中，有一個人的潛在業績爲１１０分，但再怎麼具備高達１１０分的潛在優秀度，在公司內部的評鑑系統裡，他的業績很可能也不會高於１００

分。我們的分析結果會因爲這種數值的範圍限制而略有不同。這樣的狀況就稱做「設限」。

這種問題在計量經濟學的領域很早就引起注意，於是便有人創建出「截斷回歸模型」及「設限回歸模型」等一系列方法。其中最具代表性的，就是由一九八一年獲得諾貝爾經濟學獎的詹姆斯・托賓（James Tobin）所建立的杜賓（Tobit）模型。有興趣的讀者們可參考相關書籍，以日文書來說，我推薦《実証分析のための計量経済学（暫譯：實證分析的計量經濟學）》（山本勲著，中央經濟社出版）。不過簡言之，杜賓模型就是不照實際觀察到的業績等成果，而是藉由假設其背後之潛在變數的方式，來推估截斷或設限背後的關聯性。

而與試圖從已觀察到的各種經濟統計數據，找出藏在其背後的結構機制的計量經濟學家們不同，企業若有意願，是可以進行「實驗」的。不只是以既有資料、以先進的統計手法來分析，最好也能在數據資料的取得方面多下點功夫。

例如：在大量雇用新人時，設定好有一部分要「大膽雇用依據一般標準本應剔除的人」。此時可能有人會擔心，這樣不就會有風險必須要終身雇用不符標準的員工？但若是能降低今後幾十年間，毫無根據地以終身雇用方式持續雇人的風險，那麼這樣的實證實驗應該是很合理的選擇才對。若能將這些受雇者也包含在內，然後分析依筆試及面試、學歷等標準來決定雇用與否，到底會讓業績產生多大變化？這分析結果想必能成爲更妥當的判斷基準。

就算是眞的很難做實驗的企業，至少也能透過對未雇用者的後續追蹤調查來取得一些相關資訊。隨機挑選一些過去未雇用的應徵者，然後透過調查研究公司等去探聽他們目前在怎樣的企業裡、擔任怎樣的職位、做什麼樣的工作、業績如何等，這應該是做得到的。接著便可試著分析，其中到底有多少人達到了令人後悔未雇用的程度，然後又如何能依據應徵資料，來識別這種會讓人後悔未雇用的人。

這些分析結果，很可能都會是今後各位思考人才策略時的重大線索呢。

第 3 章

用於行銷的統計學

在許多企業裡，行銷方面的數據分析總是存在有很大的落差。大企業的研究部門往往都有懂得先進統計手法的專家存在，然而，實際上很多的決策，卻只是靠少許固定樣本調查的匯總結果和「經驗與直覺」來決定。儘管引進了CRM及行銷自動化等最新技術，但自幾十年前起便不斷被提出的行銷基礎概念，大家至今依舊未能理解。故本章的目標，就是要填補這樣的差距。在這裡我將為各位介紹，如何以行銷的基礎觀念及基本的統計方法，來獲得比單純資料匯總更大的利益。

19 行銷策略與顧客中心主義

由此開始，我們要談的是行銷上的統計分析。能夠以人才及組織因素等公司內部的能力提高獲利後，接著就該思考公司以外的部分了。換言之，就是要著眼於顧客及市場，具體思考該提供怎樣的產品或服務、該掌握哪些銷售通路、又該祭出什麼樣的廣告及銷售策略等。

現已投注力量於行銷的許多公司，至少都有做不同銷售通路的銷量趨勢，以及性別和年齡等不同屬性之顧客數量的匯總計算。然而，光靠如此單純的匯總計算，根本無法讓你在本書所強調的「能夠左右成果大小的是什麼？」這點上獲得提示。

因此，本章將爲各位介紹超越此種單純匯總、運用了統計學方法的行銷觀念。

iPhone的需求真的是無法以研究得知的嗎？

有一種針對行銷方面的統計調查，亦即對市場調查的反論認爲「顧客根本不知道自己要的是什麼，問了也是白問」。而經常做爲此論點之例證的，正是近年來被視爲創新象徵的iPhone。像是「在iPhone問世之前，不論再怎麼調查，顧客一定不會知道自己想要iPhone」等，諸如此類貶損市場調查價值的說法不時可見。

但在第一代iPhone發表的二〇〇七年一月那個時間點，可收發電子郵件及瀏覽網頁的黑莓機（BlackBerry）早已在全世界的商業人士之間瘋狂流行。由日本的行動電信公司所提供如i-mode之類可用傳統手機（Feature Phone）連上網路的服務，也是獲利驚人。而（雖然運作機制不同）配備了採用液晶觸控面板之使用者操作介面及同樣CPU架構的任天堂DS，從二〇〇四年上市起，便在全球大受歡迎，若是再連接二〇〇六年七月所推出名爲任天堂DS瀏覽器的轉接器，還能經由無線網路瀏覽網頁。

更何況不論是不是經由行動裝置，那時就已經有爲數眾多的人們透過網路收發電子郵件、查詢資料、在社群網站上互動溝通了。當時世界各地的許多人們，應該多半是使用放在辦公室或臥室、客廳裡的電腦來進行這些活動。而其中應該也有不少人會希望在外出時也能輕鬆使用網路。畢竟一九九六年的時候，就已經有「網路成癮（Internet Addiction）」一詞出現在醫學論文中。

若當時連這麼大的需求都沒能看出來，那麼市場研究人員不是極度愚鈍，就是IT白癡。「能夠一天24小時隨時隨地，和使用電腦一樣輕鬆地連上網路的某種東西」這種需求，恐怕很多人都有注意到，所以才會在iPhone問世前，就已有無數多企業針對此主題，發表了各式各樣的挑戰結果。但只有iPhone在這項挑戰上獲得了巨大的成功。當然，將天才經營者兼設計師發明了偉大產品視爲其成功理由亦不失爲是一種正確答案，只是這無法成爲不才的我們如何在商場上成功的解答。

仿效藍海策略的做法

若換個說法，將這種「做出從前不曾有過的偉大產品」的想法解釋爲「勇於剔除過去產品中不需要的部分，並增加重要的部分」如何呢？

此想法非我獨創。這是仿效第 1 章所提及之金偉燦和勒妮．莫博涅的《藍海策略》。依照他們的說法，高獲利藍海策略的特性包括了仔細思考自身業務的市場競爭環境，然後大膽增加、提升該市場中的重要元素，並勇於剔除不需要的元素等。

日文版《藍海策略》便介紹了許多日本的案例，而QB HOUSE也是其中之一。QB HOUSE將一般理髮店所提供之服務中的刮鬍及洗頭、按摩等視為「重要性低」者而予以剔除。如此一來，不利於設置供水、排水設備的地點也可開店，每位顧客的理髮時間及價格皆降低便成為一大差異化因素。

這對重視刮鬍及洗頭、按摩等服務，且不那麼在意價格與地點、理髮所費時間的顧客來說，應該是「很荒謬的策略」。但QB HOUSE在日本國內已有超過五百家分店，每年的來客數已成長至一千八百萬人次。QB HOUSE之所以能成功，就是因為「不想花太多時間和金錢在理髮上，刮鬍和洗頭都自己來就好，不需店家服務」這種顧客很多。對他們來說，此策略具有壓倒性的優勢。

故對於iPhone，或許也能以同樣方式思考？別說是如黑莓機般的鍵盤了，就連傳統手機的數字鍵都沒有。可以聽音樂，但無法接收日本的無線數位電視訊號。早期就連轉移通訊錄都很困難。不過，iPhone有大又漂亮的液晶螢幕，大幅降低了瀏覽電腦版網站時的壓力，另外，還引進了特有的應用程式系統，可讓大家開發相關App並公開上架，並讓使用者能輕鬆下載安裝以使用。

若以QB HOUSE的策略邏輯來思考此產品的爆炸性熱賣現象，就是通訊錄等對手機而言理所當然的功能，以及爲了輸入文字而存在的實體鍵盤等，都不如以大螢幕瀏覽網站或使用App那麼重要。

不論是有形的產品還是無形的服務，在增加某種優點的同時往往也會帶來其他的缺點。若要兼顧大畫面的液晶螢幕與實體鍵盤，免不了就會做出又大又重、製造成本又高的產品。但若能找出「相對較不重要的部分」並勇於剔除，就有機會增進較重要的部分。而這些部分便可能成爲極大的魅力與競爭力。

因此，所謂的天才經營者兼產品設計師，很可能就是擅於看清「何者重要、何者不重要」的人。反之，一旦看錯這點，便會做出無法讓顧客滿意的產品或策略。

實踐此觀念的困難之處在於，「什麼重要、什麼不重要」的價值觀會因人而異。第2章我曾提過權變理論，亦即生產力的高低會隨著工作性質和人格特質的合適與否而改變，但在行銷方面，情況又更爲複雜。這是因爲顧客的數量及多樣性、所販售的商品及通路、廣告媒體的特性等必須考慮的合適性組合非常多的關係。

統計學能夠戰勝天才的原因

那麼，我們該如何思考這個複雜的問題呢？現代的行銷是以顧客爲中心，這正是所謂顧客中心主義的觀念。不論產品、通路，還是廣告，斷定什麼東西重要、什麼是有魅力的，終究還是顧客。因此，一開始就必須深入了解顧客才行。

南佛羅里達大學的卡諾（Cano CR）等人，曾於二〇〇四年針對全球五大洲共23國的187項實證研究進行系統性回顧，結果發現不分國家或業種，追求顧客中心主義的企業的業績表現，呈現出明顯較高的傾向。

而在實踐這種顧客中心主義時，若需考慮的顧客只有一人，則爲了瞭解此人所該採取的行動想必就是「仔細觀察並與之交談」。雖然我們無法和成千上萬的所有顧客對話，但只要透過適當的調查來收集、分析數據資料，便能夠像是和數萬名顧客對話過般地瞭解該群體。

這正是在現代行銷策略中，統計學有時甚至能夠戰勝天才創意的最主要理由。

20 現代行銷的基礎知識

科特勒的行銷定義與常見的誤解

不管是B to B也好，B to C也罷，絕大多數的公司都是在努力販賣某些產品，而這樣的努力通常就稱爲行銷。

舉凡在雜誌上刊登廣告、辦活動、參展、企劃要分發至各店家的贈品等，都算是行銷活動。或者，偶爾也會有一些商業人士一邊努力行銷，一邊又主張「再怎麼拼命行銷，若產品本身缺乏吸引力，也不可能賣得出去」。

不過，本章所討論的行銷，是比這類宣傳及促銷等更爲廣泛的一種概念。現代行銷之父菲利普・科特勒（Philip Kotler）於一九六七年寫出了名著《行銷管理》。雖然該書每隔數年就會被修訂一次，但於近年出版的最新版本中，在開頭處的行銷定義裡依舊提示了「所謂行銷，並非一般說的促銷商品」。依據該書所引用的杜拉克的說法，行銷之終極目標反而是要透過對顧客需求的充分理解，來達成不需「促銷商品」的境界。

若以此觀點來解釋剛剛的那種主張，就是當「產品本身（對目標對象顧客來說）沒有吸引力」時，不論該企業再怎麼投入廣告宣傳費，行銷依舊是失敗的。

此外，這幾年還出現了用於CRM（顧客關係管理，Customer Relationship Management）和行銷自動化等的IT系統，甚至打出「只要引進此系統，就能輕鬆做行銷，不必傷腦筋」之類的宣傳口號。

但其實這些只能夠管理、自動化處理如廣告郵件（DM）的寄送等所謂「宣傳及促銷」的部分行銷工作而已。在前述由科特勒寫的《行銷管理》一書中，亦曾提及「在未理解所謂顧客中心主義之行銷大原則的狀態下，就算引進這種系統，往往也會以失敗告終」。

當然，大企業光是適當地運用數據資料來進行DM寄送的最佳化，就可能讓銷售額增加或讓成本減少數億日圓。但那很可能只是以RFM分析，亦即僅由匯總計算顧客之購買頻率及購買間隔、單價等而成的DM寄送最佳化效果，更何況若是對近年來流行的機器學習方式運用不當，後果恐怕會相當悲慘。

例如：有種常見的陷阱，就是在引進「以機器學習方式，從購買模式來準確預測今後是否會成爲優良顧客」的系統之後，便一股腦兒地寄送附有優惠券的DM給該系統所指出的這類顧客群。

這種做法固然在某些狀況下也會恰巧有效，但實際以隨機對照實驗進行評估的結果卻發現，有不少案例都呈現出「不論有無寄送附優惠券的DM給這些人，他們之後都一樣會經常購買」的傾向。亦即就此事業而言，針對可能的優良顧客的DM印刷費和郵寄成本都是白花的，再加上優惠券所提供的折價，結果又浪費更多。

換言之，若最終手段僅限於寄送DM或優惠券的話，那麼所應考慮的成果就不是「某顧客消費了多少金額」，而是「由寄送DM這個因素所導致的顧客消費金額變化量」。然後以這種成果的考量來說，運用自二十一世紀起經常被研究的一系列所謂抬升建模（Uplift Modelling）的方法會比較合適。

順便補充一下，在第一本《統計學，最強的商業武器》中，我也曾依據自身經驗談過DM寄送的最佳化處理。當時我並未特地點出這個方法名稱，但那時提到的分析方法其實就是抬升建模。還有，當DM不是隨機寄送，而是故意寄給特定的顧客群（例如「優良顧客」等）時，爲了將這種特定偏向納入考量，就必須用到統計上的因果推論方法。

就像這樣，每次看到因分析者對分析方法之意義及限制的理解不足，而導致企業損失的例子，我便感到萬分可惜。

更何況還有比這類「DM寄送最佳化」更具效果的數據運用方式存在，亦即如科特勒也曾指出的，要認眞思考以顧客中心主義爲基礎的「根本行銷策略」。正如序章已提過的，這才是商業的「主幹」部分，改善「枝葉」時若未能顧及與「主幹」的合適性，這樣的改善不僅毫無意義，有時甚至有害。

以誰為對象做生意？

現代的行銷策略大致可分爲兩部分：一是「以誰爲對象做生意？」另一則是「要把什麼東西賣給這些人，又要如何賣？」

而關於前者的「誰」這點，顧客的需求是相當多元的，嚴格來說，每個人都不一樣，因此，我們必須充分了解顧客，這點剛剛就已提過。話雖如此，針對每個人以不同的方式提供不同商品，就做生意而言是不可能有賺頭的。因爲多樣性越是增加，生產成本就越高，整體的管理也會變得越麻煩。

例如：光是產品的顏色，一旦多增加幾種變化，對需求的預測就會變得困難，於是導致某些顏色賣到缺貨而形成機會損失。另外，某些顏色則是打了折也賣不掉，結果只好銷毀，類似這方面的損失也會增加。

「不考慮顧客需求，總之大量販賣相同產品，成本才能壓低」與「針對每位顧客的需求販賣對應產品，才容易銷售」這兩者間的平衡，在現代行銷中是以所謂「市場區隔（Segmentation）」的觀念來解決。市場區隔有時也被譯爲「市場劃分」或「市場細分」，簡言之，就是將市場整體分割（區隔）成數個需求或生活風格相似的小群體（Segment），以思考行銷策略。

而考慮要集中火力針對這些區隔中的何者進行行銷這件事，也稱爲目標市場選擇（Targeting）。舉例來說，若經過區隔及選擇後，你瞭解到應鎖定的、有潛力的顧客群體幾乎全都是「室內裝潢與服裝均傾向於採用單一色調」的人，那你就不需考慮產品的多種色彩變化。

不論顏色、功能，還是廣告及銷售方式等，都同樣適用此道理。儘管整體市場的價值觀很多元，若只需考慮自己所鎖定之群體大致能接受的話，那就能相當順利地判斷在行銷策略上有哪些部分該要多花力氣，在哪些地方又不必浪費力氣。

要賣什麼，又要如何賣？

一旦能決定出該鎖定的顧客族群，並充分理解這些人，接著便可考慮「要賣什麼，又要如何賣？」具體來說，「要賣什麼」指的就是所提供的商品及服務，而在那之前應先於抽象層次「用一句話來解釋」自己打算賣的東西，亦即應先思考定位（Positioning）這點，也是現代行銷的準則之一。

定位這個觀念出自行銷人艾爾．賴茲（Al Ries）與傑克．屈特（Jack Trout）於一九七二年發表的論文。隨著同一市場中，相互競爭的企業及產品增加，顧客便會難以區分各產品有何不同。因此，「用一句話來解釋這到底是什麼」這樣簡單易懂的差異化，正是競爭力的來源，且當該種差異化對顧客來說具吸引力時，這門生意就會成功。

以剛剛提過的QB HOUSE爲例，它的這句話就是「便宜、易得、快速的理髮服務」。當然，爲了實踐這句話，使用什麼結構的吸塵器才能方便地清理理髮後散落一地的頭髮、採用怎樣的設備可以節省空間等都必須好好考慮，但這些都算是供應商方面的問題。就提供給顧客的價值而言，以這句定位幾乎就能充分表達完畢。

同樣地，iPhone與過去傳統產品間的差異化，也可具體以「具備3．5英吋電容式觸控螢幕……」等規格或功能上的區別來解釋；但若要以一句話來表達它所提供的價值，那應該會是「可隨時隨地輕鬆上網」。像這樣於抽象層次進行定位思考的好處，不只是能連結至最終的廣告策略及廣告標語，思考定位的眞正意義在於，以抽象層次來思考所提供的價值，便有可能調查出對顧客來說，未曾有過之產品或策略的價值。換言之，若iPhone不存在於這世上，顧客或許就無法回答他想不想要iPhone，但肯定能夠回答他想不想要「隨時隨地輕鬆上網」。

關於找出良好定位的調查與分析方法，我將從下一節開始介紹，而一旦釐清了所謂「用一句話來解釋自己賣的是什麼？」的定位，最後便要思考具體實現該定位的4P。

而這4P就是Product（產品）、Price（價格）、Place（通路），以及Promotion（促銷）。前述的DM、銷售、雜誌廣告等，都只能算是4P中的促銷的一部分。也就是除了所謂「誰」的市場區隔之外，還需充分考慮到該把怎樣的產品、以多少錢的價格、在哪些地方讓人們如何購買最爲合適等觀點，以想出最好的行銷方式。

若能理解這個道理，你應該就能感覺到先前提到的，「再怎麼拼命行銷，若產品本身缺乏吸引力，也不可能賣得出去」這一說法的矛盾之處。

所謂好的行銷，並不是靠廣告和銷售能力來勉強販賣無關緊要的產品。好的行銷是要建立一種機制，亦即透過對顧客的充分理解，將目標對象想要的產品，以感覺合理的價格，放在便於購買的地點及通路販售，並運用顧客能夠理解的方式適當地做促銷，這樣產品自然就會賣得好。而這也正是科特勒和杜拉克所說的行銷之終極目標——「達成不需促銷商品的境界」。

那麼，如何能貼近這樣的終極目標呢？

在這方面，統計學肯定是一大助力。接著，就讓我們來實際學習其具體的調查與分析方法。

21

針對行銷的分析步驟①

準備相關資料以釐清「要賣給誰？」

行銷的數據分析最少要做三輪

那麼，接下來便實際為各位介紹行銷方面的數據分析做法。

第1章和第2章的數據分析，基本上都是按照如下的步驟進行：

1．設定分析的目標對象。

2．包含應分析變數的資料收集。

3．分析所取得之資料。

4．解讀與行動的規劃。

以行銷來說，這樣的程序最少要做三輪才行。第一輪是爲了市場區隔和目標市場選擇，也就是爲了釐清「要把產品賣給誰？」而做的分析，然後第二輪是爲了定位，亦即爲了釐清「用一句話來解釋要賣的是什麼？」而做的分析，最後則是爲了實踐該定位而思考4P所需的分析。

最少要三輪的意思是——依情況不同，有時可能會需要做四輪甚至是五輪。例如：雖然發現了很有希望的市場區隔，也聚焦於該區隔思考了行銷策略，但卻發現屬於該區隔之客群所偏好的產品及通路、廣告等，都是自家公司並不擅長的。這時與其堅持鎖定一開始的區隔，勉強去做自己不擅長的生意，還不如回到市場區隔的階段，重新考慮第二有希望的區隔爲何會比較好。

像這樣的行銷策略制定程序，有時也被形容爲「螺旋式的」。亦即從開始到最後並非一直線，但也不是呈環狀般地不斷循環，而是一邊循環，一邊逐漸朝目標前進。

或者也可如第1章所述的精實策略那樣，引進軸轉的概念。也就是先把軸心暫且放在「賣給誰？」的市場區隔上，以之為固定軸來思考「要賣什麼？」的定位及4P。若這時無法妥善決定此兩者的話，就試著將軸心切換至「賣給誰？」或「要賣什麼？」任一方，看看能否把另一方改變成更有希望的選擇。如此反覆進行這樣的程序，直到最後決定出合適的行銷策略為止。

請將上述的螺旋式或軸轉觀念記在腦海裡，再繼續閱讀接下來所介紹的市場區隔與目標市場選擇的分析步驟。

除了「極不可能的對象」外，全都是分析目標

首先是「1．設定分析的目標對象」這個步驟，基本上，「除了極不可能成為顧客的對象外，應包含所有人在內」。很多企業往往會因為「好不容易收集到了資料」這種理由，而將分析範圍侷限於擁有會員集點卡或曾經購買產品的顧客；但再怎麼仔細分析已成為顧客的對象，都無法解答「成為顧客與否的分界在哪兒？」、「今後該拓展的新市場、新區隔在何處？」等問題。

那麼，「除了極不可能成為顧客的對象外」到底是什麼意思呢？假設有個服飾

品牌專賣女性成衣，但這家店不見得就該基於「極不可能」的理由，而將男性市場排除於調查之外。

例如：若是採中性設計的品牌，那麼體型纖瘦且走在流行尖端的男性也可能覺得「雖是女裝但意外地很合適」而前來購買。又或者若是很多女性都渴望但價格相當高貴的品牌，就可能會有不少情侶爲了購買週年紀念禮物等而上門光顧。這時若是擅長針對男性的喜好做設計，或許就能採取讓男性「想買給女友穿」的策略。

像這樣考慮過各式各樣不論直接還是間接的購買因素後，若結論依舊是「雖非完全不可能，但可以不列入考慮」的話，就可將分析對象侷限於女性。然而，擅自決定「自家公司的顧客就是這群人」，且只在該範圍內進行數據分析的行爲，和依直覺做市場區隔及目標市場選擇是沒什麼兩樣的。除非把分析的目標對象設定得比自己原本想定的客群更廣泛些，否則，要發現「以往從未注意到的、意料之外的市場區隔」的可能性肯定很低。

此外，比起B to C，雖說B to B事業花在行銷上的力氣沒那麼多，但這概念同樣有效。假設你在一家賣建築用機械的企業工作，那麼你的客群（市場區隔）基本上應是任職於建築相關公司且具有決定權的負責人員，但若是能夠稍微擴大此分析對象的範圍，你或許也有機會發現意料之外的重要客群。

首先分析單一來源的數據資料

決定好分析對象的範圍之後，接著就要收集他們的相關資料。

對於市場區隔，基本上怎樣的資料都能用，不過在此讓我介紹前述《行銷管理》一書中區隔變數的例子，以供各位做爲參考標準。但問題是其原始內容講的都是美國市場的東西，例如：地理上的變數被分成山區、南大西洋沿岸、新英格蘭地區等。而且在美國，人種及宗教等也都是重要的人口統計資訊，可是在日本，這些都不是一般應使用的變數。

因此，我針對日本市場做了點調整，如圖表3-1所示。

而其中與地理、人口統計資訊、行爲有關的區隔變數或許不會有太多其他變化，但在心理變數方面，只要有意願，要收集幾種變數都不成問題。你甚至可進行包括第2章所述之人格五大特質在內的各種性格測試，在先前提過的日文書《心理測定尺度集（暫譯：心理測量量表集）》中便介紹了價值觀、人際關係、情感情

圖表 3-1 區隔變數的例子

變數類型	變數	區分方式示例
地理	地區	北海道／東北／關東／中部／近畿／中國／四國／九州與沖繩
	都市的人口規模	100萬人以上／50～100萬人／30～50萬人／10～30萬人／5～10萬人／…
	人口密度	都市／郊區／鄉下
人口統計資訊	性別	男性／女性
	年齡	未滿6歲／6～12歲／13～18歲／19～34歲／35～49歲／50～64歲／65歲以上
	家庭規模	獨居／2人／3～4人／5人以上
	家庭類型	單身的年輕人／沒有小孩的年輕已婚者／最小的孩子未滿6歲的已婚者／…
	所得	不到100萬日圓／100～250萬日圓／250～500萬日圓／500～750萬日圓／750～1000萬日圓／…
	職業	學生／家庭主婦（夫）／文書工作／銷售及服務工作／技術職／專業技術職／管理職／…
	雇用型態	正式雇用／派遣與契約員工等非正式雇用／兼職・打工／無業
	學歷	國中以下畢業／高中畢業／短期大學及專門學校畢業／大學畢業／研究所畢業
心理	生活風格	喜歡文化／喜歡戶外活動／喜歡體育運動
	個性	神經質／善於交際／權威型人格／有野心的
行為	價值觀	重視品質／重視服務／重視CP值（性價比）／重視速度
	目前產品使用狀況	非使用者／曾經為使用者／潛在使用者／初次使用者／續用者
	目前產品使用量	輕度使用者／中度使用者／重度使用者
	忠誠度	無／中等／高／絕對忠誠
	準備購買的階段	有無認知／有無資訊／關心與否／是否有購買慾望／有無購買意圖
	對產品的態度	狂熱的／肯定的／不在意／否定的／有敵意的

緒，以及服裝行爲等用來測定各式各樣心理特徵的量表。只要將這類量表包含在調查內，便有可能發現以往從未注意到的重要區隔的切入點。

若能以這樣的概念爲基礎，在想得到的範圍內，並在調查對象承受得了的範圍內，盡量詢問各式各樣的變數，應該就能收集到分析市場區隔所需的所有資料。不過若各位以往幾乎不曾有過什麼調查經驗，突然要自己想出各種調查項目肯定是相當困難的。而就算完成了調查設計，要讓一定數量（例如：數百～數千人）的調查對象（受訪者）「完整回答」數十～數百個項目，也是得付出相當的成本。

因此，尤其以B to C的事業來說，我的建議是先從廣告代理商或市調公司所握有的單一來源數據資料開始分析會比較好。

所謂「單一來源」，就是指數據資料的來源只有一個。簡言之就是對同樣的受訪者，以各種角度詢問商品或品牌的使用現況與偏好、心理上的價值觀及各種媒體使用狀況等似乎與行銷有所關聯的項目所取得之資料。雖然你也可剔除某些和自家事業沒什麼關係的項目，但這類單一來源資料所包含的項目，基本上都是可用於市場區隔分析的可能變數。

就我所知，日本的電通和旭通DK等廣告代理商都有自行管理追蹤資料

（Panel-Data，也稱縱橫資料），而網路調查研究公司如Macromill或日經研究、野村綜合研究所等，也都有提供這種數據資料給客戶。儘管在所針對的商品或品牌、所包含之心理特性等部分有著各式各樣的差異，不過，他們全都是對1萬人以上，從年輕人到60幾歲老人的各種日本人進行多方面的調查。

此外，有些公司並沒有直接對一般大眾販賣分析用的數據資料本身。他們只提供依客戶要求匯總後的圖表，或是只提供可自行做出這種匯總結果的工具，又或是只接受包辦了分析的顧問服務委託等，總之，各家採取的商業模式都不盡相同。

若是只能拿到匯總圖表，那就很難進行本書所介紹的數據分析，但即使在檯面上表示僅能提供這種服務，你依舊可聯繫各相關公司的業務人員商量看看，有時還是有辦法的。亦即請他們用可分析的形式提供數據資料，或是以本書所寫的形式來提出分析後的結果報告。

畢竟對他們來說，既然都花了時間與精力收集數據，只要無損於既有的商業模式，盡可能從中創造出越多價值應該就越划算。

另外，許多致力於行銷的大企業，對於自家公司產品及競爭對手產品，往往會頻繁地進行有關認知及價值觀、品牌形象等的訪談調查。很多時候，若能以本章的架構來分析只用於單純匯總的這些公司內部資料，應該就能讓特地投入的調查費用產生出更大的價值。

從事B to B事業的人或許很難取得如此全面性的資料來源，但也並非毫無辦法。就如第1章已提過的，可從帝國資料銀行等機構取得之企業資訊（企業屬性及財務狀況等），亦可用於市場區隔之分析。

還有不少業界團體或特定業界的智庫，都會定期對該業界的各個企業負責人進行調查。舉個例子，日本資訊系統暨用戶協會（JUAS）每年都會對引進資訊系統之企業用戶的負責人進行調查，請他們回答有關企業屬性及IT投資之現況、方向等各式各樣的問題項目。

雖說依業界或組織不同，在這方面也可能碰到未提供非圖表或匯總結果之分析用原始資料的情況，但若你有興趣，還是很值得進一步詢問。倘若從這種團體或智庫所取得的資料並未將公司名稱匿名化，是以眞實名稱列出的話，你就能將之與帝國資料銀行的企業資訊結合，藉此獲得同時包含財務狀況與負責人意向的分析資料集。

一旦將這些數據資料都收集齊全了，接著就是分析與分析結果的解讀了。

22

針對行銷的分析步驟②

進行分析以釐清「要賣給誰？」

不使用多元回歸分析和邏輯回歸的理由

在第1章和第2章中，基本上都是以多元回歸分析或邏輯回歸來思考「良好成果的分析單位與其他分析單位的差異何在？」第1章想釐清的，主要是「獲利高的企業和其他企業有何不同？」第2章則是「生產力高的員工和其他員工有何不同？」

依據這種說法，我們現在該思考、釐清的是「獲利高的市場區隔和其他市場區隔有何不同？」不過，這時我們必須使用不同於多元回歸分析及邏輯回歸的分析手

圖表 3-2　不考慮「變數組合」的分析結果例子

解釋變數	回歸係數	p 值
截距	3700	<0.001
女性虛擬變數	870	0.028
年齡	100	<0.001

法。其理由包括以下三點：

1．市場區隔必須考慮多個解釋變數的組合。

2．目標市場的選擇是以群體爲對象，而非包含在市場區隔中的個人，故也必須考慮到該市場區隔的對應人數等因素。

3．目標市場選擇的好壞，也會受到「單一行銷策略能涵蓋此區隔的多大範圍？」的影響，因此，市場區隔內的類似性等因素也很重要。

首先針對理由1舉個簡單的例子。假設以年齡和性別爲解釋變數，並以消費金額爲成果進行多元回歸分析後，得到如圖表3-2的結果。

由此結果看來，女性的消費金額有較高的傾向，比男性多了870日圓，且年齡每多一歲，消費金額便有增加100日圓的趨勢。然而，一旦依p值來判斷，就發現這些都只能算是偶然的變動性或誤差，不到足以解釋的程度。看到此分析結果，想必很多人都會做出「高年齡層的女性似乎是較有前景的市場」這樣的判斷。儘管所用的分析手法不太一樣，但我也的確見過某些不成熟的分析人員在報告中提出這種結論。

然而，多元回歸分析也好，邏輯回歸也罷，都是基於出現在分析結果中的解釋變數「彼此之間無加乘效果或相互作用（在專業術語中稱爲交互作用）」此一假設，來推估解釋變數和成果之間的關聯性。

換句話說，就算剛剛的結果顯示出「若性別相同，年齡大的比較會買」且「若年齡相同，女性比較會買」，也不表示「年齡大的女性最會買」。

例如：若有一批資料所畫出的圖形如圖表3-3所示，那麼從這批資料也能得到一模一樣的多元回歸分析結果。在此例中，女性的平均消費金額高於男性，但並未呈現出年齡越大消費金額越高的傾向。而男性雖然平均消費金額低於女性，可是隨著年齡增加，消費金額卻有隨之升高的趨勢。

在這種狀況下，也一樣會得到「若性別相同，年齡大的比較會買」且「若年齡相同，女性比較會買」的結果。不過，實際上消費金額最高的市場區隔，是位於圖

圖表 3-3　「變數組合」示例

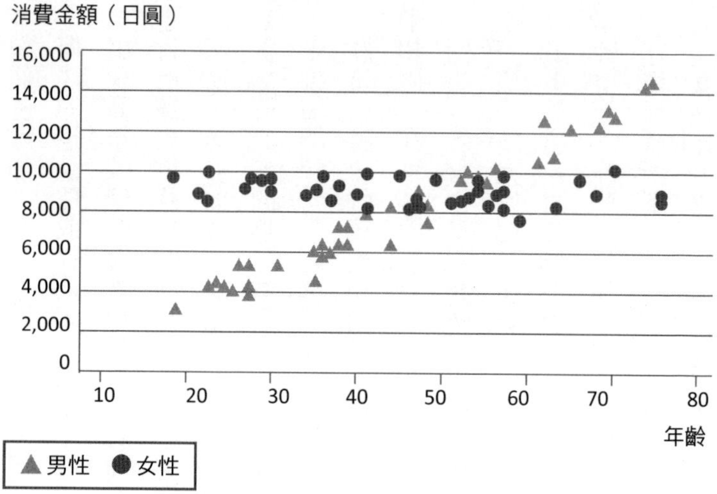

表右上方的「60歲以上的男性」。

這是因爲被忽略了的基礎假設「解釋變數之間的交互作用」實際上眞的存在的關係。雖然光是年齡大這件事與消費金額沒有關聯性，但卻存在有「爲男性且年齡大」的交互作用。

當然，這樣的交互作用並非無法以多元回歸分析或邏輯回歸來處理，在SAS及R等分析工具中都備有設定選項，可分析出特定解釋變數間的交互作用會造成怎樣的影響。

只是理論上可行和實際上好不好用是兩碼子事。若是要顧及100個解釋變數間的所有交互作用，至少必須考慮多達4920（=100×99÷2）組的交互作用。此外，像「性別和年齡和居住地區」等3個以上解釋變數組合的交互作用也可能存在，若都予以考慮，交互作用的組合就會暴增。儘管變數選擇的工作可交由分析工具自動處理，但光是要對分析結果進行解讀就夠累人了。

建議採用「聚類分析」

若是想在顧及這樣無數多的交互作用的前提下，釐清「怎樣的解釋變數條件組合可形成成果（例如：消費金額）最高的群體」的話，與其使用多元回歸分析或邏輯回歸等回歸分析方法，採用被稱做決策樹（Decision Tree）分析的一系列分析手法會更爲合適。

關於其細節，我會在章末的專欄中做進一步的解說，不過簡言之，這種分析方法就如圖表3-4所示，是去找出產生了最具可信度之較大成果差距的解釋變數條件，然後以該條件畫出分解資料的樹狀圖。

但以市場區隔來說，基於前述的理由2和3，我不是很建議使用決策樹分析。

圖表 3-4　決策樹分析示例

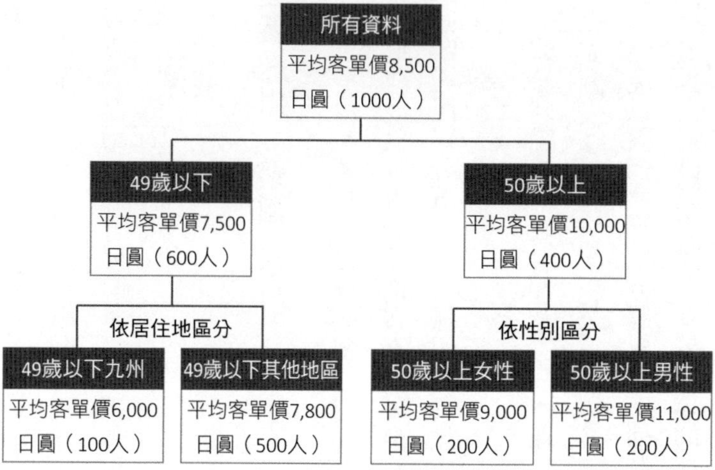

假設有個天才行銷人，能夠針對圖表3-4中的任一群體，建立出可充分發揮作用的單一行銷策略。若要求這個行銷人員針對50歲以上的男性建立行銷策略，就能讓這200個人每人都消費1萬1千日圓，故可獲得220萬日圓的銷售額。然而，若是要求這個行銷人員針對49歲以下的所有人建立行銷策略，則可讓600人每人消費7500日圓，於是便能獲得450萬日圓的銷售額。更好的做法是針對「所有人」建立行銷策略，將可獲得850萬日圓的銷售額。

看懂了嗎？以適當的解釋變數條件來區分顧客，確實能夠找出平均客單價較高，亦即「成果較密集」的群體。可是另一方面，越是區隔顧客，所謂「總量」的消費金額合計值必定會越來越小。

那爲何還要做市場區隔呢？原因就如前述，藉由將市場區隔爲「有利於同一行銷策略發揮作用」的群體，我們就不必多花廣告費勉強推銷或勉強降價，也能想出高獲利的策略。而剛說的「有個行銷人員能針對任何市場，建立可充分發揮作用的策略」其實是個不切實際的假設。

理想的市場區隔是指，「對於（包含產品特色及通路等的）行銷策略的反應方式一致，且可預期會有某個程度的人數和單價的客層」。若只是機械式地進行決策樹分析，那麼別說是人數了，也無法考慮到「對行銷策略的反應方式的一致性」等部分。

該怎麼辦好呢？在一般情況下，目前我建議的做法是先用聚類分析，針對與行銷策略有關的變數找出類似性高的群體，然後再依各聚類（群體）的人數和成果之平均值來進行綜合判斷。

關於什麼是聚類分析，我在前一本《統計學，最強的商業武器【實踐篇】》中做了相當程度的詳細解說，有興趣的讀者請參考該書。簡單來說，它就是能夠針對

圖表 3-5　聚類分析結果示例

	聚類1（運動員）	聚類2（觀賽者）	聚類3（重視時尚者）	聚類4（重視健康者）
有看職業運動賽事的習慣	66.0%	86.8%	25.7%	1.4%
平常有運動習慣	44.9%	3.3%	9.4%	38.2%
學生時代曾參加運動類社團	78.9%	9.1%	34.2%	26.6%
重視服裝的流行時尚	36.4%	11.6%	83.2%	48.8%
重視服裝的功能性	48.2%	66.1%	10.3%	39.6%
…	…	…	…	…
人數	147	91	296	466
年平均消費金額	21,714日圓	9,751日圓	4,778日圓	15,406日圓

「若要將所有分析對象區隔爲4群，該怎麼分割才恰當」這種問題，呈現出如圖表3-5的結果。

在第1章中，我曾舉過一個運動用品製造商的例子，而這便是其聚類分析結果。假設此例使用1千人份的單一來源資料，針對運動及服裝相關看法，還有性別與年齡等屬性、電視和網路的使用等媒體接觸進行分析。而結果所顯示的，便是「可區分爲哪些具明顯特色的群體」。

例如：以聚類1來說，有運動習慣和曾參加運動類社團者的比例都是4個聚類中最高的，此外，有看職業運動賽事習慣者的比例也高居第二。

在行銷工作上，一旦取得了聚類分析結果，往往就會依據這些值來替各聚類取個能簡要傳達其特徵的名稱，像此例的聚類1便可命名爲「運動員」或「注重實際參賽者」等。

同樣地，雖常看比賽但沒有運動習慣也不曾參加運動類社團的聚類2，則可命名爲「觀賽者」。而某個程度曾參加過運動類社團但很少看比賽也不常運動、總之對時尚流行很注意的聚類3就命名爲「重視時尚者」。至於幾乎不看運動比賽，但有運動習慣者的比例高得足以與聚類1匹敵的聚類4，很可能是喜歡並勵行健身或快走等運動的人，故或許可命名爲「注重健康者」。

替各聚類取好合適的名稱後，似乎就比較容易想像出，各聚類對特定商品的需求了。

就像這樣，聚類分析所用的變數要能夠提示「怎樣的行銷策略可能有效」，或者更具體地說，怎樣的產品、價格、通路、促銷是較爲合適的。而一旦獲得足以爲所有聚類命名的具說服力的分析結果，便要進行成果的比較。換言之，像是做爲成果的運動服飾之年平均消費金額，或肯定與該成果相關的消費次數、所購買的商品數量、單次的消費金額等解釋變數，都最好別用於聚類分析。

接著，就針對分屬於各個聚類的調查對象，比較其成果的平均值與人數。這將成爲選擇目標市場時的判斷資料。在此，年平均消費金額最高的區隔（聚類）是曾參加運動類社團、喜歡看運動比賽也喜歡運動的「運動員」，而相較之下，「觀賽者」與「重視時尚者」的消費金額就明顯少得多。另外，雖不看運動比賽但本身會運動的所謂「注重健康者」的人數也很多，消費金額亦相當高。

而除了人數和每人消費金額這些數量外，最好也要考慮到與自家公司之優勢／劣勢的合適性、與其他公司的競爭激烈度、市場區隔內之需求的多樣性等問題。

例如：若是已和許多知名職業運動選手或隊伍、整個聯盟簽約的企業，在看運動賽事者比例高的「運動員」聚類上會很有優勢，但在「注重健康者」方面卻不見得如此。不過，相對於此「運動員」聚類有耐吉（Nike）與愛迪達（Adidas）等業界巨人們投入鉅額的廣告投資，如果著力於這些「注重健康者」的企業還沒那麼多的話，這點也該納入考量才好。

此外，若在同一市場區隔中，基於流行時尚的偏好或運動種類的特性，仍有各式各樣的產品及促銷方法必須考慮的話，行銷策略的效率就會比較差。在這種情況下，有時最好是改選其他的區隔，或是再進一步細分市場會比較妥當。

找出良好的市場區隔正是聚類分析之目的

聚類分析的結果並無絕對正確的標準答案，這點我在前一本《統計學，最強的商業武器【實踐篇】》中也曾提過。

像剛剛的例子是以「若區隔爲4群」爲前提進行分析的結果，但其實要把整體資料區隔爲3群或5群，甚至是100群，分析者都可自由決定。畢竟有的業界做得好的話，單一商品品牌便能夠佔有好幾成的市場，但也有些業界的商品品牌多達數十至數百個，就算成功，市佔率最多也不過幾個百分比。故依據這類業界的不同狀況，合適的聚類數量標準往往也不盡相同。

雖說聚類分得好不好，還是有統計學上的指標可供判斷，不過與其用這種指標機械式地決定聚類（區隔）的數量，好好考慮實際獲得之聚類特徵是否是「恰當」，應該更具實用上的意義。

除了聚類的數量外，試著於分析時排除部分變數，嘗試如【實踐篇】所說的「是否考慮變數的變動性及相關性」等各種聚類分析的選項，以找出理想的市場區隔，正是分析者的工作。而能否從同樣的聚類分析形成「總之就是這樣的群體！」

這種印象，還得要看你對該種事業或對顧客的理解程度如何。

理想市場區隔的發現本身就具有重大意義。例如：先前提到的QB HOUSE的成功原因，應該也可解釋爲是成功發現了「不想花太多時間和金錢在理髮上的族群」，正是客單價雖低但競爭較少、人口數量較多的有前景市場的關係。

希望各位務必跨出以往那種馬虎隨便、只有性別及年齡的區隔方式，以發現充滿希望的全新市場。

23

針對行銷的分析步驟③

準備相關資料以釐清「要賣什麼？」

定位＝要賣什麼？

一旦找出了應鎖定的顧客群體（市場區隔），接著就要思考「該賣什麼給他們？」也就是思考定位。

在傳統、不具統計學觀點的行銷中，並不從這樣的觀點來分析，而是不分青紅皂白地一心以爲「只要提高商品的知名度，應該就會賣得更好！」，或者「只要提升商品的品牌形象，應該就會賣得更好！」於是爲了提升知名度及品牌形象，便投入大量的廣告宣傳費。但要是很多顧客都覺得「我很清楚知道有這種商品，但不特

圖表 3-6　品牌形象與購買與否之關聯性

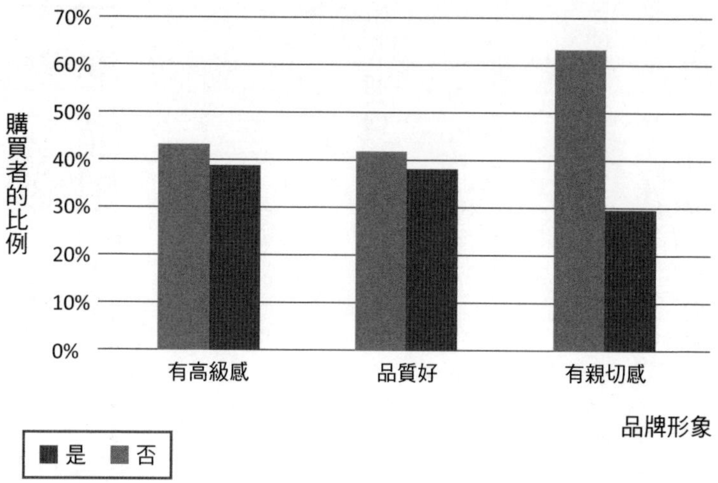

別想買」或是「對該商品確實印象滿好的，但實際上沒什麼機會購買」的話，再怎麼努力提升知名度及品牌形象，想必也是無法增加銷售額的。

然而，若能找出某個解釋變數的差異會導致成果（購買者的比例或平均消費金額等）大不相同的這類因果關係，我們或許就能藉由控制該變數的方式，來提高銷售額。

假設經調查後發現，在各種品牌形象中，比起高級感及對品質的好評，是否容易讓人產生「親切感」才是真正造成購買率差異的變數，那麼情況會是如何？（如圖表3-6）

若是以剛剛市場區隔部分也用

過的運動用品爲例。20到30歲間的所有年輕女性這種粗略的區隔，由於包含各種想法不同的顧客，故在相互抵消後，很可能根本看不出怎樣的形象才與銷售額有關聯性。但在進一步分析適切的市場區隔之後，如果發現了以往沒注意到的、具有「是否容易讓人產生親切感這點，左右了購買與否」之傾向的群體，那麼採取怎樣的行銷策略才能夠發揮作用呢？

就定位而言，「對你來說，最友善的運動服飾」之類的或許可行。而爲了具體實現此定位，該要控制的東西可說是相當多。例如：將產品設計成易於收納、方便攜帶。在廣告方面則是不寫一堆囉唆的功能相關說明文字，也不用時裝模特兒。鋪貨部分則著重於想要時就能輕鬆購買的通路，如簡單易用的購物網站，以及在車站內方便通勤時購買的小店……等等，藉由增、減各種條件，應該就能找出可能提升銷售額的因素。

好的定位要靠質化調查與量化調查的搭配組合

此外，就像在說明市場區隔時也曾提過的，分析時若只用取自廣告代理商或市調公司、業界團體及智庫等的資料，便找出了像這種可大幅左右成果的解釋變數，那的確是很棒的事。但只靠調查研究人員以「經驗與直覺」想出的調查項目，很可能無法找出創新、具新意的良好定位。

這時該怎麼辦好？要在以「統計學，最強的商業武器」爲題的書中寫出這樣的話著實令人惶恐，但答案就是首先需要良好的質化調查，亦即需進行訪談及行爲觀察。而取得做爲統計分析用的那種數據資料時，處理的是以數字大小表示的「量」，故稱做量化調查。這是爲了瞭解人類及社會所用的兩種相輔相成的研究方法。

基本上，所謂能用於統計分析的資料，是指讓顧客回答是或否、抑或以「非常符合」、「不太符合」等有限選項來回答問題的形式。這樣的問題形式在專業術語中被稱做「封閉式問題（Closed Question）」，代表了可能性被封閉之意。在思考這種問題項目時，很少人有足夠的天分能直接在自己的腦子裡或會議室裡想出具分析價值的點子。畢竟所謂具分析價值的問題項目，就是以往沒想到過的，或是顚覆了過去思維的。一般人能夠事先想到的，多半在分析後都只會得到理所當然的結果。

但不具此等思考天分的我們，可透過言語或觀察，總之，把開放式問題（Open Question）丟給與自己立場、處境不同的顧客就行了。

以英文的5W1H（Who、What、Why、When、Where、How）來詢問的問句便屬於這種開放式問題。這類問題會得到的答案不是「是」或「否」等選項，每個人的回答方式都不同，可說是有幾個人就有幾種答案，因此，往往能獲得超乎提問者想像的點子。

當產品或服務的創造者和實際購買的使用者雙方之屬性與心理狀態相距甚遠時，此做法就變得特別重要。

例如：負責企劃、設計家電產品的很多人都是不做家事的中年男性，請想想當他們要開發以單身年輕女性爲對象的家電時的情況。

儘管創造方再怎麼基於過去經驗，拼命思考洗衣機的清洗力及吸塵器的吸力等機械性規格，搞不好只有與室內裝潢協調的顏色設計，才能讓單身女性感覺到價值。而要塡補這種創造者與購買者之間的差距，最好的辦法就是對顧客進行適當的質化調查和量化調查。

證實了行銷的力量的「真相運動」

其實在我本來的專業領域，亦即醫療政策領域中，這種結合了質化調查與量化調查的行銷思維正逐漸受到重視。

活在現代的人類很多都死於肺癌、心肌梗塞、中風等因不良生活習慣所導致的疾病。明明只要徹底實行不抽煙、多吃蔬菜等生活習慣，在一定程度上就能預防這類疾病。可是不論怎麼教導大家這些知識，人們的行爲依舊不變，因此，生活習慣病的預防便遲遲無法有所進展。

若能將市場區隔或４P等行銷觀念應用在這方面，說不定就能有效改變人們的行爲？——這正是菲利普．科特勒所提倡的想法。基於「爲了使有益社會的行爲普及而做的行銷」之意，這種做法被稱爲社會行銷（Social Marketing）。而這和統計學並列，兩者都是我原本的專業。

舉個例子，至今最成功的社會行銷活動之一，就是名爲「眞相運動（Truth Campaign）」的活動。一九九九年時，美國的青少年中有２５．３％的人抽煙，但在實施眞相運動後，到了二〇〇二年便降至１８．０％。亦即對美國的香煙公司來說，青少年這塊市場的收益足足少了約三成左右。

而在實施眞相運動的團體中，又以公家單位較有使用廣告預算的立場，但當時已清楚知道，若是採取過去那種大肆宣傳「香煙對身體不好」的做法，效果其實是很差的。於是他們分別徹底進行了質化調查與量化調查，結果發現抽煙和不抽煙年輕人之間的最大差異，就在於「對大人的叛逆心是否很強」這一解釋變數。

這充分解釋了以往大肆提倡「正確知識」的做法爲何會效果不佳。明明是對大人叛逆心越強烈的青少年越會抽煙，卻一直用成年人的邏輯去呼籲香煙對身體不好，這只會讓青少年更想反抗、更叛逆而已。

因此，他們決定採取的是「用不抽煙來做爲對大人的叛逆」這種定位（如圖表3-7）。

例如：他們製作了一支影片，主要在嘲弄香煙公司一直以來常用於廣告的「酷帥牛仔」這種主題，以及「不過是抽個煙，又不會死人」等吸煙者常有的藉口。片中將牛仔描繪成與都會格格不入的鄉下人，並用人工聲帶的聲音，以滑稽的旋律唱出「不過是抽個煙，又不會死人。只不過會（因爲得了口腔癌、咽喉癌而）被切掉舌頭罷了。」他們製作了好幾支這類影片，並在電視及社群網路上播放。

圖表 3-7　真相運動所製作的影片之一

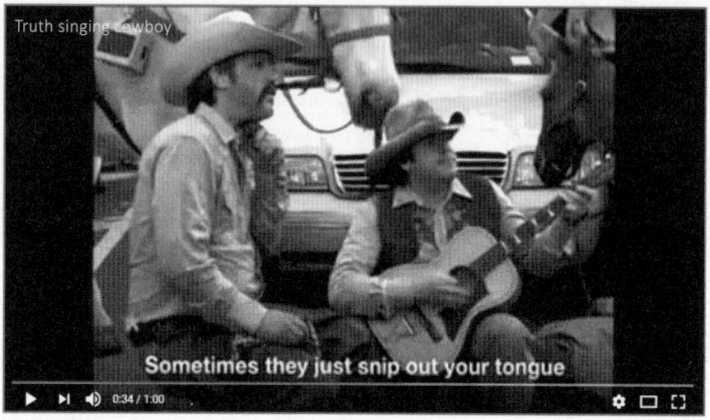

©Truth Initiative　https://www.youtube.com/watch?v=eshSlxe9qd0

結果就如先前所述的成效。若能發現好的定位並予以實現，獲得理想成果這件事，不論是企業還是公家單位都一樣成立。

話雖如此，突然要各位用開放式問題進行質化調查，應該會讓不少人感到不知所措。一旦認眞介紹起這樣的方法論，恐怕又成了另一本完整著作，故有興趣的讀者請務必另外參考相關專書。

基本上，相對較無經驗的人若想做有用的質化調查，最好能以某些行爲科學理論爲基礎。而其中我比較推薦的，是所謂的整合行爲理論。這理論很少出現在一般的行銷教科書上，講白了，這其實是從行銷預算有限的醫療政策領域所發展出的「窮人的智慧」。

24 運用整合行為理論的質化調查

針對行銷的分析步驟④

涵蓋了許多學術成果的整合行為理論

延續「準備相關資料以釐清『要賣什麼？』」的話題，爲了進行有用的質化調查，讓我們再進一步探討所謂的整合行爲理論。

整合行爲理論是以心理學家馬丁・費希貝（Martin Fishbein）爲中心，誕生於一九九〇年代至二〇〇〇年代（之後還陸續有一些零星的修正），目的是爲了瞭解人類會因什麼而改變行爲。

雖然在這之前也有許多研究者從「人類的行爲會受什麼東西影響？」的觀點建

圖表 3-8　整合行為模型

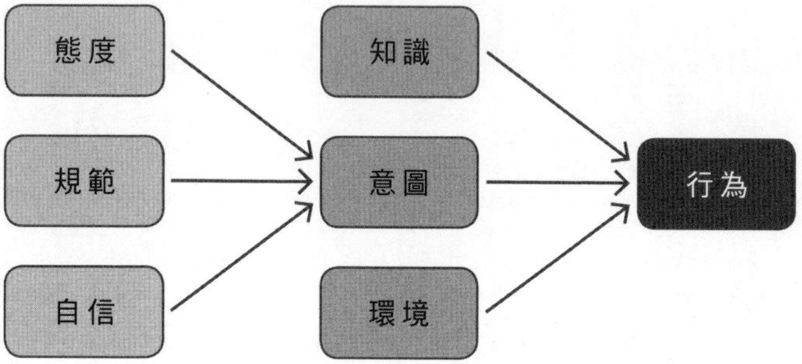

立出各式各樣的理論，但經過一番整理後，便能將這些理論「整合」成如圖表3-8的形式。購買商品當然也是一種行爲，因此，只要以這個理論爲基礎，就能在一定程度上全面掌握導致購買行爲的解釋變數。

如圖表3-8所示。首先，在人類產生意圖，打算採取某種行爲的背後，可簡單整理出「態度」、「規範」及「自信」這3個因素。然後在對行爲具有同樣程度的意圖時，是否實際行動時又受到該本人的知識及能力、環境所左右。而這些因素被稱做行爲控制因素。

其中，與行爲有關的「知識」和「環境」，已在許多行銷研究中，以「認知率」和「易得性」的形式受到調查。但關於其他的因素，在此讓我們進一步詳談。

所謂態度，是指調查對象（受訪者）本身對某行爲的評價、看法。是覺得「很酷」、覺得「確實可靠」，還是持否定態度而覺得「落伍、過時」等，顧客會針對商品本身或購買商品、使用商品的行爲，以各種表達方式來做出評價。亦即我們要從中找出，怎樣的評價和實際購買商品與否的行爲有關聯性。

這類和「態度」有關的調查，可能也以產品滿意度或品牌形象之名，爲許多企業所進行。但意外常被忽略的是下一個因素，規範。

這是指自己周圍的人「是否已實際做出該行爲？」，或者「是否認爲應要採取該行爲？」在雙親、兄弟姊妹、情人、配偶、朋友、同事等各種關係之中，怎樣的人具有這樣的「規範」效果？其中又是來自什麼關係的人的「規範」最具關聯性？搞不好是否購買某商品，只是因爲身邊有某個經常使用該商品的關係人呢？就規範的質化調查來說，有時可能會得到「朋友」或「父母」等一般關係的影響沒那麼大，而是「尊敬的人」、「視爲競爭對手的人」等特殊關係的影響才眞正重要的結果。

在調查上，比規範更容易被忽略的，就是自信。將此因素反過來想成是有無心理障礙，或許會更容易理解。例如：本人覺得該商品很不錯，周圍的人也經常使用，然而一旦打算要買，就可能面臨到有賣的店家很不方便到達、價格不透明、要在諸多機種之中挑出最合適的很麻煩等障礙。如果能釐清「在什麼情況下，會覺得想買的時候就買得到？」的所謂「自信」因素，或許就能找出可有效解決該問題的產品陣容及通路、廣告策略等。

而若是以別的說法來解釋整合行爲理論中的行爲控制因素，那麼「態度」便是一種將經濟學家常說的利益及成本等，以不同價值觀具體實現的東西。此外，社會學家經常思考個人與社群及社會間的互動，而這就相當於整合行爲理論中的「規範」；還有心理學家所想的自制（自我控制，Self-Control）及自我效能（自我效能感，Self-Efficacy）等也包含在此理論中；教育學家所關注的知識和能力也被包含在內；甚至政治學家所關心的「權力來源」，亦可被視爲大家喜歡、討厭怎樣的獎賞或懲罰的「態度」，或是由誰認可其正當性、合法性的「規範」。

換言之，只要充分理解了整合行爲理論，我們便能活用與人　行爲有關的諸多學術成果。

對懶惰的我們來說，可說是個非常方便好用的工具。

問題與調查問卷的具體製作方法

以整合行爲理論爲基礎，實際用於質化調查的所謂開放式問題，至少應包含以下內容：

態度：（關於此商品本身、其使用及購買）
覺得如何？有什麼樣的印象？

規範：有誰實際使用了／買了？
周圍覺得該用／該買的是怎樣的人？
反之，周圍覺得不該用／不該買的又是怎樣的人？
請簡單描述那個人與你的關係？

自信：在怎樣的情況下能夠使用、購買？
反之，會因怎樣的情況而無法使用、購買？

此外，爲了使這些問題的答案更具體，還需反覆詢問「爲什麼？」、「若換個說法來解釋會是怎樣？」、「能否具體舉例說明？」等開放式問題。亦即提問者要盡量避免擅自斷定對方意圖，必須與調查對象（受訪者）共同合作，努力完成將其意識言語化的任務。

雖然正宗的質化調查，是需要高度知識及經驗的專業工作，不過，只要有注意到這些最基本的要點，應該還是能獲得許多以往隨便馬虎的問卷調查，從未曾想到過的新發現。

質化調查要做到徹底是相當困難的，但就算拙劣，有做也遠比沒做要好得多。這不像量化調查必須要訪問幾百人以上，從最少數名至最多十幾人左右，只要聽聽屬於目標市場區隔者的意見，往往就會有重大發現。

質化調查結束後，便可將其結果放入如圖表3-9的量化調查問卷。除了關於質化調查結果得來的行爲控制因素外，此調查問卷至少還需包含關於成果的、關於識別目標市場區隔之變數的、關於一般調查用的性別及年齡等屬性變數的問題。

此外，若行有餘力，最好也能順便調查一下受訪者目前於各時間帶常用的資訊媒體、購買所分析之目標產品時的通常價格區間、常去購物的地點等資訊。因爲這

圖表 3-9　調查問卷的例子（部分摘錄）

【問題1】你目前有在做特定的體育活動或快走、跑步、機械訓練健身等運動嗎？請在以下選項中圈出一個最符合的敘述。

1	目前沒在做任何運動，也沒打算做
2	雖然目前沒做任何運動，但有想要做
3	雖然有在運動，但一個月做不到一次
4	以一個月1～3次以上的頻率做運動
5	以（幾乎）每週至少一次的頻率做運動

【問題2】你在過去一年內曾為自己購買幾次特定體育活動、快走、跑步、機械訓練健身等運動用的裝備、服裝、鞋子等產品？

次數（　　　　　　　）次

【問題3】你在過去一年內為自己花了總計大約多少錢，購買特定體育活動、快走、跑步、機械訓練健身等運動用的裝備、服裝、鞋子等產品？

金額（　　　　　　　）日圓

【問題4】請問你對做運動這件事的想法。請針對以下各項敘述，圈出一個最符合你想法的答案編號。

	同意	有點同意	不太同意	不同意
我喜歡運動	1	2	3	4
運動的感覺很好	1	2	3	4
我擅長運動	1	2	3	4
做運動是很開心的事	1	2	3	4
做運動的人很酷	1	2	3	4
為了運動買裝備、服裝很浪費	1	2	3	4
運動對美容有益	1	2	3	4
運動對健康有益	1	2	3	4
做運動能讓身形緊實	1	2	3	4
為了運動要做準備、要外出等很麻煩	1	2	3	4
運動會流汗，很噁心	1	2	3	4
常運動的人會給人工作做得好的印象	1	2	3	4

（←接下頁）

【問題5】你認為你周圍的以下這些人，是否覺得你「應該要有活動身體的習慣」？請將會這麼想的人都圈起來。

1	雙親
2	兄弟姊妹
3	配偶
4	情人
5	朋友
6	周圍沒有任何人這麼想

【問題6】你周圍的以下這些人，目前有運動習慣嗎？請將有運動習慣的人都圈起來。

1	雙親
2	兄弟姊妹
3	配偶
4	情人
5	朋友
6	周圍沒有任何人這麼想

【問題7】你有自信在以下的狀況中也能做運動嗎？請將符合的敘述都圈起來。

1	有自信在下雨時也能運動
2	有自信在天氣不好時也能運動
3	有自信在覺得疲累時也能運動
4	有自信在忙得沒時間時也能運動
5	有自信在自家周圍沒公園、沒健身房時也能運動
6	有自信在周圍沒人可一起享受運動時也能做運動
7	有自信能在上學或上班前做運動
8	有自信能在上學或上班中的空檔做運動
9	有自信能在放學或下班後做運動
10	無符合的敘述

（←接下頁）

【問題8】請問您的性別是？	
1男	2女
【問題9】請問您的年齡是？	
年齡（　　　　　　）歲	

些資料有時也可直接用於考慮具體的4P時。不過，找出理想定位後，有時又會再冒出想要調查的項目，故在此階段這些僅限於「行有餘力」的範疇。

而所有的調查問題在以A4紙印刷的狀態下，最多不要超過10頁，最好是能控制在6～8頁左右。因此，即使從質化調查所獲得的結果有各式各樣的表達方式，也最好將類似的東西整合成單一項目。例如：當你得到「覺得很酷」和「覺得很帥」等結果時，若還很有空間可容得下許多調查項目的話，兩者便可分別獨立，但若已沒空間，那就只取用「覺得很酷」就好。

另外，我自己在製作問卷時，多半都會把調查項目設計成如「非常符合」、「相當符合」……等從4到6個選項中選答案的形式。這做法並不是基於某種統計學理論，而是依據學生時代上社會調查實習課程時所獲得的建議，亦即一旦提供「普通」、「兩者皆非」之類的中立選項，答案就會集中於該選項，故最好避免那樣的設計。

依上述方法做出問卷後，便可透過調查研究公司在網路上或由調查人員以實體問卷，請符合目標市場區隔的對象來回答問卷。量化調查應調查的人數取決於所需之精準度，這部分的細節請參考前一本《統計學，最強的商業武器【實踐篇】》，基本上，調查1千人左右就不會有問題，若很難達成，那麼至少也要有400～600人左右。

而在B to B等事業方面，調查研究公司可能沒有那麼多符合特定業界、職種的固定樣本可供調查。這時就必須透過業界團體或特定業界的智庫、認識的人或自家公司所握有的潛在顧客清單等，最少調查個幾十人，或者若能取得100～200人左右的受訪結果，就算是很理想了。

收集到這些資料後，便可進入分析階段。也就是找出大幅左右了是否購買你或你們公司想販售之產品類型，或其中某些具體產品的因素。一旦釐清主要因素，應該就能獲得清楚的線索，能夠知道以怎樣的定位可達成高獲利，而又該採取怎樣的行銷策略來實現該定位。

25

針對行銷的分析步驟⑤
分析數據並做解釋以釐清「要賣什麼？」

你可從分析知道些什麼？

從質化調查獲得調查項目的點子，將之落實於量化調查的問卷並完成調查後，便要進入分析階段。

正如先前已說過多次的，行銷的成果應是自家公司要賣的產品有沒有被買的「購買與否」，以及若有買，每年買了多少錢的「消費金額」。所謂「要賣的產品」，可能是某個具體的產品，也可能是特定品牌下的多項商品，又或是包含自家公司及其他公司之競爭產品的某個商品類型。甚至還可能是更廣的、考慮到異業競爭的商品群。而分析單位基本上就是顧客。

從顧客有無購買自家公司之特定產品及品牌商品的分析，應該就能看出目前既有商品本身的改善或定價變更、通路，以及促銷相關措施等行銷策略該要微調、修正的部分。若以同樣方式針對其他公司正熱門的特定產品、商品品牌進行分析，則可知道自家公司以什麼功能或設計、價格的產品，在哪些通路以什麼方式促銷，才能有效奪取對方的市佔率。

在商場上，經常會發生表面上模仿其他公司的熱賣商品但實際銷量並不如預期的情況，不過，只要好好分析顧客是認同競爭對手的哪種價值而去選擇他們的，應該就能避免這種問題。

甚至若能進一步，以包含自家公司及其他公司之競爭產品群的形式，了解經常購買的人與其他人有何差異的話，或許還可發現過去的產品所無法滿足的顧客需求，並想出從商品開發至其銷售方式的全新行銷策略點子。正如我從第1章起就一直強調的，若能以藍海策略的觀念爲基礎，將分析範圍廣泛擴大至不同行業，那就更好了。

這次要用多元回歸分析或邏輯回歸

和分析市場區隔時不同，針對定位的分析可用第1章和第2章所做的多元回歸分析及邏輯回歸爲中心來進行。各位應該都還記得，多元回歸分析是用於成果以「消費金額」等數值來表示的情況，邏輯回歸則用於成果以「購買與否」之類的質化差異來表示的情況。

若能藉此方式瞭解在市場區隔之中，常買該商品的人與沒買的人有何差異，或許就能以針對該差異的定位來獲得巨大的成功。

如同第1章及第2章，包含由調查而得之性別和年齡等個人屬性，還有態度、規範、自信等行爲控制因素在內，此時，必須以許多解釋變數做爲候選因素來進行變數選擇。

在行爲控制因素方面，基本上，以4等級或6等級評分爲答案的項目，可做爲1～4或1～6分的數值用於解釋變數，而依情況不同，有時亦可視爲如「非常符合」與否、「完全不符」與否等代表質化差異的解釋變數。另外，有時還會考慮到表示「此項無答案」之狀態的解釋變數。經過機械性的變數選擇後，若所選出的解釋變數無論如何都難以用於行銷策略，那麼就必須將之剔除並嘗試重新分析，這部分也和第1章及第2章一樣。

假設經過如此的分析處理後，我們得到如圖表3-10的結果。

這是針對第242頁圖表3-5中，具「注重健康」價值觀之市場區隔的20～70歲男女做分析所得之結果。而其成果是參考市場區隔的分析結果，採用「過去一年內是否購買了總金額一萬日圓以上的運動用品（包括服裝、鞋子、裝備等）？」這一標準。

就如先前已說明過的，比值比高於1代表了「（當其他解釋變數的條件固定時）符合此條件時／此解釋變數的值較高時，有購買的可能性較高」。反之，比值比小於1則代表了「（當其他解釋變數的條件固定時）符合此條件時／此解釋變數的值較高時，有購買的可能性較低」。而此表中的p值全都小於0.05，故可判斷「這樣的結果不太可能是由單純的誤差或變動性所造成的」。

由上而下依序看來，首先就屬性來說，男性比女性、20～29歲與60歲以上的人比其他年齡層的人（亦即30～59歲者）、住在南關東地區的人比住在其他地區的人，更有可能是會購買運動用品的人。

圖表 3-10　市場區隔內之運動用品購買者／非購買者的差異

解釋變數	比值比	95%的信賴區間	p 值
男性	1.07	1.00～1.14	0.049
20～29歲	1.29	1.07～1.55	0.007
60歲以上	1.11	1.01～1.22	0.030
住在南關東地區	1.18	1.02～1.36	0.025
態度：為了運動買裝備、服裝很浪費	0.70	0.57～0.85	<0.001
態度：為了運動要做準備、要外出等很麻煩	0.74	0.63～0.87	<0.001
規範：情人覺得應該要運動	1.16	1.02～1.32	0.028
規範：配偶覺得應該要運動	1.15	1.02～1.30	0.023
自信：在忙得沒時間時也能運動	1.40	1.17～1.67	<0.001
自信：天氣不好時也能運動	2.49	1.57～3.94	<0.001

我們不見得能夠由此結果斷定「在此區隔中，又以住在南關東地區的20～29歲男性爲最理想的目標市場」這件事，我在第237頁就已解釋過。而除了考慮這類性別、年齡、居住地區等對購買有影響的條件差異外，必須注意的是，剛剛討論過的行爲控制因素也會影響運動用品的購買行爲。

在態度中，「爲了運動買裝備、服裝很浪費」和「爲了運動要做準備、要外出等很麻煩」等想法，與運動用品的購買行爲有相當強烈的關聯性。不過目前仍無法確定這種關聯性的因果關係方向到底是「很浪費／麻煩，所以沒買」，還是「爲了合理化自己的購買行爲，所以不去在意浪不浪費或麻不麻煩」。

搞不好還存在有設計調查時沒想到的第三個因素也說不定。例如：天生在精神上就比較積極的話，不管買的是不是運動用品，消費行爲可能都較爲活躍，也比較不容易覺得浪費或是麻煩。

然而，若只因爲有這些不確定性就停止思考，在「謹慎討論」的前提下將分析結果束之高閣的話，是非常可惜的。畢竟依由此獲得之假設迅速做出「最簡可行產品」並進行行銷測試，才是更具建設性的所謂精實策略思維，各位先前應該都已學過。

此外，情人及配偶是否覺得「應該運動」的規範因素，也與運動用品的購買行爲有所關聯。還有不論忙不忙、天氣好不好都有自信能做運動的人，似乎也呈現出經常購買運動用品的傾向。

反之在先前調查問卷中的「對美容有益」、「對健康有益」、「能讓身形緊實」、「雙親有在運動」、「兄弟姊妹有在運動」等行爲控制因素，至少就現階段而言，都和運動用品的購買行爲沒什麼關聯性。

思考定位的兩個方法

要依據這樣的分析結果來思考定位時，有兩種方法。一種是思考「是否有行銷策略能夠導致可提升成果之心理變化」，另一種則是思考「是否有行銷策略能讓成果容易偏低的顧客也『及格』」。

請回想一下前述的眞相運動，當時所獲得之分析結果爲「對大人叛逆心強烈的青少年容易抽煙」。故以前者的思維方式想出的策略是「降低青少年的叛逆心」，而以後者的思維方式想出的策略，則是「讓叛逆心強烈的青少年也變得不想抽煙」。

同樣道理，在運動用品的購買方面，若越是覺得「浪費」的人就越不買，那麼應採取的策略可大致分成以下兩個方向——亦即「讓人不覺得浪費」，或是「讓覺得浪費的人也會想買」。

此外，在市場區隔方面，基於交互作用的問題，我曾說過「就算將所有具顯著影響力的解釋變數都組合起來，也不見得就能成爲理想的市場區隔」，但在定位方面卻非如此。若能藉由可用一句話表達的定位，將出現在分析中的所有解釋變數都改變成能讓成果提高的狀態，就是個非常好的策略。

之所以會有這樣的差異，應該是因爲相對於市場區隔是在做「選擇」，定位則是在「符合條件」。要「選擇」具有某種特徵的東西時，就等於「不選」不具該特徵的東西，但要同時「符合」多種特徵並非不可能。

只不過一旦試圖同時符合太多條件，定位往往就會變得不夠清楚，而無法以一句話來表達，那樣就本末倒置了。因此，首先要選出主要的行爲控制因素，然後再思考有無容易同時符合的條件。

例如：以比值比爲標準做選擇的話，關聯性最強的行爲控制因素是「覺得天氣不好時也能運動（比值比爲２·４９）」。若有某因素具備與此同強度的「負向關聯性」，其比值比應會呈現２·４９的倒數，亦即約０·４，但在本例中並未發現，有任何行爲控制因素顯示出如此強烈的負向關聯。

那麼，我們有可能讓顧客覺得「天氣不好也能運動」或「雖然不這麼認爲但仍會運動」嗎？當然，只要穿上Gore-Tex等防水材質的服裝，就算下點小雨也能運動，另外，在自家室內做運動也是個辦法。強力推銷這類產品固然是可能的策略之一，但「天氣不好就會不想運動」的人，想必大多都沒想過要穿著防雨的服裝運動或在室內運動。這樣看來，此策略似乎並不理想。

如上所述，比值比或回歸係數及p值等雖可做爲大略的標準，提供思考策略時的線索，但卻無法告訴我們「要製造出這種變化，到底有多少實際上的可能性」。這些所顯示的不過是「一旦製造出變化，可能產生多大影響」罷了。

以比值比爲標準來看，其次重要的是覺得購買裝備或做準備很「浪費」、「麻煩」的態度，還有「很忙的時候也能運動」的自信等，這些因素又是如何呢？

例如：再怎麼忙的商業人士也可培養「在上下班途中多走一點路（一個車站）」的運動習慣，而我們可考慮採取針對此習慣設計專用運動服裝的定位。

爲了順利將通勤時間轉變成運動時間，就需要有減緩溫度不適及流汗、腳痛等問題的功能。不過，這些不僅有利於運動，在一般日常生活中也能帶來好處。像是在很擠的電車裡，或是在外頭跑業務時，一旦有了這些功能就很方便、可免煩惱。如此一來，顧客便不是「只爲運動」而購買或準備，也就沒有浪費或麻煩可言，再忙也能在上下班通勤時做運動。順利的話，便一口氣符合了這三項行爲控制因素，可謂一箭「三」雕呢。

而若要具體實現此定位，就需要在產品面下功夫，像是如何能將不利走動的皮鞋、西裝和白襯衫等服裝，在維持外觀設計以符合辦公室情境的狀態下，做到輕巧且易於散熱或保暖、排汗。

例如：在高爾夫球的服裝中，便有以最新化學纖維製成、具高度吸汗與快乾性的Polo衫。但再怎麼走「清涼商務（Cool Biz）＊」路線，也不能直接穿高爾夫球裝上班。畢竟外觀設計和質感實在是差太多了。若能解決此問題，成功開發出「可在商務場合穿著的運動服」，或反之「可運動的商務服裝」如何呢？這或許就能做為一種不僅限於運動服品牌，而是在更廣大的整體服飾市場中亦成立的藍海策略。

＊注解：日本政府自2005年夏天起，基於節能減碳之目的，配合提高空調溫度之政策所推行的服裝輕量化運動。

26 針對行銷的分析步驟⑥ 進行分析以釐清「4P」

了解市場區隔中的目標對象

一旦完成「要賣什麼？」的分析，夢想便開始膨脹，不過，此時一切都還只是點子、想法而已。這點子是否眞能發揮作用，則要看之後爲了具體化4P所做的分析結果。

釐清4P的分析並不難，但卻相當費時費工。也就是要以用於市場區隔之單一來源資料或自行收集的資料爲基礎，拼命匯總屬於該市場區隔之消費者的各種特性。

圖表 3-11　4P相關資訊的匯總結果例子

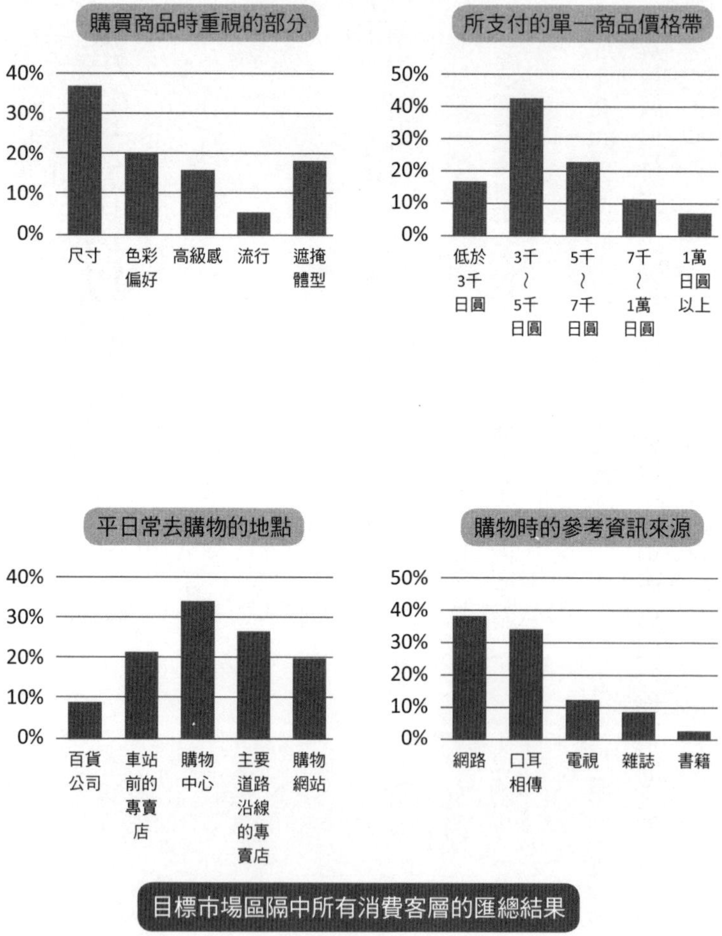

而這時的重點和之前不同，並不在於「購買者與非購買者的差異」等方面。分別匯總兩者當然也是有其意義，不過，我們必須了解就絕對數量而言，「其中存在有很多什麼樣的人？」然後，由此思考自己所想的4P到底行不行得通，或是還有更多應修正的點該處理。

例如：剛剛的「可在商務場合穿著的運動服」這一產品概念能否行得通，也會被市場區隔中顧客的職業和居住地區所左右。若在該市場區隔中，有很高比例的人都從事可不穿西裝通勤的職業、有很高比例的人都住在以開車上班為主流的地區，那麼拋棄原本的點子並修正路線可能會比較好。

除此之外，在具體構思產品、價格帶、應重視的通路及促銷媒體等4P的細節方面，市場區隔客層（消費者）的各種資料匯總結果也是很有用的。

假設匯總後，我們統整出了如圖表3-11的柱狀圖。

這些都是以4P相關問題詢問在目標市場區隔中，可能實際購買自家公司商品的受訪者後，整理所有回答而得出的結果。

例如：在購買包含運動服在內的服飾時，他們最重視的似乎是「尺寸合不合」，其次是顏色偏好，再來則是能否妥善遮掩體型等。既然獲得了這樣的資訊，那麼盡量做出能符合、滿足這些「重點」的商品，應該就會賣得好才對。

除了這些之外，在決定產品的細節時，也還有其他各種資料可做爲參考。像是此區隔的消費者到底看的是哪些種類的體育競賽，又有過怎樣的經驗？而現在都從事（或想從事）哪些活動？就算只是設計一件Polo衫，依據該關注的是網球迷或是橄欖球迷等對象不同，能夠「擄獲人心」的關鍵設計及功能應該也會不一樣。另外，若顏色偏好很重要的話，就必須知道他們喜歡哪些顏色。其他像是除了運動以外的假日活動等各式各樣的資訊，也都可成爲產品企劃上的參考。

比起定位本身及產品的考量，針對剩餘的3P的資料匯總就比較具體一些，範圍也小一點。從下一個關於價格帶的柱狀圖可看出，該區隔中的商品消費群所支付的單一商品價格區間主要爲3千～5千日圓，其次爲5千～7千日圓。也就是說，若能以3千～5千日圓的價格帶販賣商品，該區隔可能就會有40%以上的人考慮購買此商品。另一方面，一旦價格超過5千日圓，就得要提供對應的附加價值，或者就必須做好縮小目標的準備。這些資訊在商品價格，以及與之相關的功能和材料、生產批量（Production Lot）等成本因素的考量上，應該是具有參考作用的。

而他們平日常去購物的地點以購物中心的比例最高，其次是主要道路沿線的專賣店，然後是購物網站。比起這些地點，車站前或百貨公司內的優先順位似乎排在比較後面。當然，這部分也是越多人常去的地方就越該被視爲重要的通路。

還有就購物時的參考資訊來源而言，網路的比例最高，接著是朋友、熟人們的口耳相傳，相較之下電視與雜誌、書籍等的影響力似乎是低得多。既然如此，在促銷商品時與其把廣告費花在電視或雜誌上，還不如聚焦於該如何活用網路廣告並在社群網路上引發網民們的評論。

就一般普遍的觀點來說，這些當然都是「重視匯總結果中佔多數的答案比較好」，但也不一定非得要單憑這結果來決定這3P。做決定時，終究還是應考慮到自家公司的優勢，以及現實環境的限制等各種狀況。

舉例來說，3千～5千日圓的價格帶或許已有很多企業在相互競爭。再加上若想利用自家公司具技術優勢的材質或設計來製造差異化效果，這樣的價格帶可能就沒什麼利潤空間了。此時，若在做好「目標顧客的數量會減少」之心理準備下，仍有應採取的策略的話，那也是個很好的判斷。而這點在通路方面、促銷的媒體方面也都一樣。

正如我一開始所說的，行銷分析是「螺旋式的程序」。儘管好不容易有了不錯的進展，但到了最後將４Ｐ具體化的階段，仍可能發現它無論如何都難以實現，或是無法配合自家公司的優勢等。

要捨棄自己的分析結果，就情感上而言是很令人遺憾的。但此時你就該想到，是當初你沒搞清楚該市場區隔與自家公司優勢的合適性的關係。不過，比起在什麼都不知道的情況下開發商品，結果失敗，光是「知道了某個市場區隔或策略似乎行不通」也可算是一大重要發現呢。

以試作樣品或傳單進行行銷測試

而若很幸運地，你具體釐清了４Ｐ，接著，就該試作樣品進行行銷測試，以確認它到底能否成功。如果設計或製造的成本很高，那麼只是用電腦繪圖設計個「印有虛構產品圖像的傳單」也行。

請市調公司介紹一些符合目標市場區隔的人，或是找來顧客及相關人員等一群人，並將他們隨機分成兩組以協助調查。讓其中一組觀看基於分析結果而做成的「４Ｐ的傳單」，另一組則看「目前自家公司產品的傳單」。接著，先詢問所有人是否想買傳單上的產品，再以此爲成果比較兩組人之間的差異。若此差距超越單純的誤差或變動性，且就商業利益而言具有足以讓人滿意的水準的話，就表示你成功發現了有希望的行銷策略。之後還可進一步訪談這些協助調查的人，問問他們覺得哪些部分好、哪些部分不好。藉此方式，有時還可發現以往沒注意過的細節，或根本性的定位缺陷等。

若能徹底執行上述的調查、分析方法，你的公司一定也能找出全新的市場與創新的行銷策略。

27 本章總結

現在來總結一下本章內容。

第1章介紹了策略分析上的重要觀點，包括所謂「該選擇怎樣的市場？」之外部環境，以及公司內部的能力、經營資源等優勢條件。接著第2章為了進一步深入探討其中的公司能力和經營資源等部分，以員工為主軸進行了解析。而本章所介紹的，則是針對外部環境的具體化，以顧客為主軸所進行的分析。

比起優秀員工和其他員工的生產力差異，優良顧客與其他顧客花在自家公司產品上的金額差距是更大的。因此，分析其差異所在，對於事業可是大有助益。畢竟市場上混雜了各式各樣的消費者，有些對自家公司產品完全感受不到任何價值，有些則是可望爲自家公司帶來莫大收益的顧客。

與其在這種玉石雜糅的狀態下，一味地提高廣告認知率，或者最佳化DM的寄送處理等，還不如認眞了解一下對自家公司來說，重要的顧客到底是怎樣的人會比較好。亦即要了解這些人是如何生活、都在想些什麼，又喜歡哪些東西。此外，還要掌握對他們強力訴求的整體定位及4P，也就是產品、價格、通路、促銷等各元素。而這麼做商品自然就會賣得好的想法，正是現代行銷的基本理念。

本章大致分成兩個階段來介紹實現此種行銷所需之分析。第1階段考慮的是「要賣給誰？」的市場區隔分析。接著，第2階段則是考慮「要賣什麼，又要如何賣？」的定位分析。

首先，在市場區隔的分析方面，我介紹了從廣告代理商或調查研究公司等所管理的單一來源資料，找出理想市場區隔的方法。和之前介紹的分析不同，此階段的考量重點不在於「成果較佳的和其他的差異何在？」而是要綜合考慮對行銷策略反應的類似性、對應市場區隔的人數規模，以及各區隔的平均客單價等。

故要先對單一來源資料進行聚類分析，以找出特徵明顯到足以替各區隔命名的

圖表 3-12　第3章的總結（市場區隔）

成果	•（綜合評估類似性與收益、人數規模、競爭的激烈程度及與自家公司的合適度等）
分析單位及其範圍	•（潛在）顧客
解釋變數的例子	• 性別、年齡、職業等人口統計資訊 • 居住地區及人口規模、人口密度等 • 生活風格及個性等心理特性 • 價值觀、產品的使用狀況、對產品的態度及忠誠度等行為特徵
資料來源的例子	• 可從廣告代理商或調查研究公司等處取得的單一來源資料
分析手法	•（運用了k-平均演算法等的）聚類分析

所謂「適切的」市場分割方式。完成市場分割後，便可綜合評估各區隔的對應人數、客單價，還有與自家公司之優勢／劣勢的合適性問題、與其他公司的競爭激烈度等，藉此判斷該以哪個區隔爲目標（如圖表3-12）。

一旦決定好目標區隔，接著就進入「要賣什麼，又要如何賣？」的定位分析階段。此階段的成果基本上是收益，不過也可用購買頻率及購買單價來替代，甚或是如內文所述，進行「購買頻率／金額是否在一定程度以上」的分析。

而在解釋變數方面，除了如市場區隔部分所說的人口統計資訊及居

圖表 3-13　第3章的總結（定位）

成果	• 收益（或以購買頻率及購買單價來替代）
分析單位及其範圍	• 屬於目標區隔的（潛在）顧客
解釋變數的例子	• 同市場區隔部分所列的人口統計資訊 • 地理特徵、心理特性、行為特徵 • 將質化調查整理成項目而得的態度、規範、自信等行為控制因素
資料來源的例子	• 使用以質化調查為基礎做成的問卷進行網路/實體問卷調查
分析手法	•（運用了逐步排除法等變數選擇手法的）多元回歸分析、邏輯回歸

住地區等地理特徵變數外，最好再進行基於整合行爲理論的訪談等質化調查，以便將從中得知的態度、規範、自信等購買行爲控制因素也都納入分析。

當然這些都是不存在於一般單一來源資料的特有調查項目，故就資料來源而言，必須透過網路或傳統平面媒體進行調查以取得。至於分析手法，就和第1章及第2章所說的一樣，是以多元回歸分析或邏輯回歸來做變數選擇（如圖表3-13）。

知道有哪些解釋變數和成果具關聯性後，接下來該考慮的就是「如何調整解釋變數，才能朝好的方向改變？」或者「該怎麼做才能達成即使解釋變數不理想，成果也會『及格』的狀態」。以內文中的例子來說，如果「在忙得沒時間時也能運動」這一解釋變數被判斷為重要的話，那就該想辦法讓很多人都覺得「即使很忙也能運動」，或是讓不這麼認為的人覺得「有了這個似乎就能運動了」。像這樣的做法，指出了新定位的可能性。

而以此分析獲得了在某個程度上有前景的定位構想後，便要從各式各樣的觀點來匯總至目前為止的所有數據資料，以取得參考資訊來判斷該構想對目標區隔是否有效，還有應注意的產品細節，以及該如何處理價格帶、通路、促銷等部分。

最後再以這些資訊為基礎，進行產品或虛構宣傳品（傳單或包含電腦繪圖的影片等）的原型製作，並驗證顧客對這些原型的評價。若驗證的結果是好的，就表示你順利發明了充滿希望的全新行銷策略。

此外，這些思考市場區隔、定位、具體化的4P，以及原型製作與評價等的各個步驟，是所謂「螺旋式的」，雖有直線通往產品原型製作的可能性，但也有可能走到一半卻發現必須回到上一步。

所謂的行銷策略，具體來說，包含了產品所應具備的功能、產品本體與包裝的設計、價格帶與計費系統、展店區域及應重視的通路夥伴、廣告媒體、文案、廣告設計等各式各樣的元素，只要你有意願，要控制幾種因素都不成問題。而且有時對某些顧客來說感覺很棒、很好的東西，卻可能引起其他顧客難以忍受的不滿情緒。

若能將這些全都改變成適合自家公司的重要顧客，且獲利高的狀態，應該就足以帶來很大的利潤了。

統計學補充專欄III

決策樹分析與隨機森林

有時也被譯爲「判定樹分析」的這個分析手法，英文稱做Decision Tree Analysis。無關於統計方法，有時以樹狀圖形式將情況做分類的做法也稱做「決策樹（Decision Tree）」。而在統計領域，基於數據資料反覆進行被認爲合適的條件分歧，以繪製出樹狀圖的分析手法，一般就統稱爲決策樹分析。

什麼是「被認爲合適的條件分歧」呢？這通常是以「能否最明顯地產生成果差異」來判斷。針對這點，讓我以內文中也曾提過的圖表來做說明。

如下頁，圖表3－14最上方的方塊裡包含了所有的分析對象共一千人。做爲成果的客單價（獲得自一名顧客的銷售額）的平均值爲8500日圓。可能的解釋變數則包括性別、年齡、居住地區、心理特性等各式各樣的因素，而由這些便可想到各種不同的分歧條件。例如：依性別分成「男性或女性」，依年齡分成「滿20歲或未滿20歲」等，從任何解釋變數應該都能想出數種分歧方式。

圖表 3-14　決策樹分析示例（同圖表3-4）

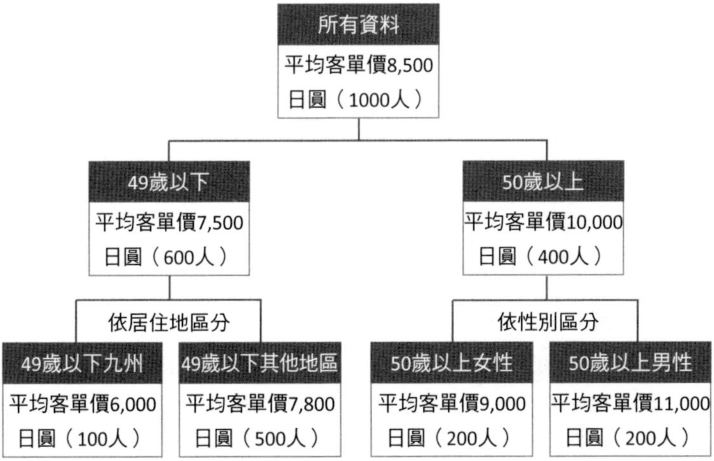

基本上，我們就是要在這些各式各樣的分歧條件中，找出「符合此條件者較高，其他人都較低」的成果（以此例來說，就是平均客單價）差距很大的那個。且同時還要避免分出只包含一、兩人的極端群體，在某個程度上均衡分割的，才是「好的分歧」。

爲了判斷「是否爲好的分歧」，有一些指標可以利用，像是資訊熵（Information Entropy）及吉尼係數（Gini Coefficient）、卡方檢定值等，而這些指標的選用區別了不同的分析方法。

例如：使用資訊熵的，包括名爲C4.5及C5.0的演算法，CART（Classification And Regression Tree，

分類與回歸樹）演算法則多半使用吉尼係數。還有使用卡方檢定值的方法叫做CHAID（Chi-squared Automatic Interaction Detection）演算法。在前一本【實踐篇】中，我曾介紹過名爲卡方檢定的交叉表列分析手法，而你可將CHAID理解爲在想得到的範圍內盡可能進行交叉表列，然後再以卡方檢定來做評估、判斷的一種手法。

決定好該用哪個條件來分割資料後，又要再以同樣方式，針對分割後的資料考慮「該以哪個條件來分割資料」。反覆進行多次這樣的處理，便能逐步繪製出像剛剛那樣的樹狀圖。

除了分歧條件的判斷指標外，依據在一次的條件分歧中應分成兩群，或者也可分割成三群以上？在怎樣的情況下可判斷爲無法再分歧故應結束分割處理？等這些做法，亦可區別不同的分析方法。甚至還有人設計出不必反覆嘗試所有分歧、可快速找出分歧條件的特殊演算法。就像這樣，各式各樣的巧思及選項形成了統稱爲決策樹分析的一系列分析方法。

現在讓我們回到先前關於樹狀圖的說明，所有分析對象共一千人的平均消費金額爲8500日圓，而依年齡在49歲以下或50歲以上之條件來分割，似乎被判斷爲是好的分歧。

結果49歲以下的群體有６００人，平均消費金額爲７５００日圓，50歲以上平均消費金額爲1萬日圓的人則有４００人，雙方的平均消費金額相差２５００日圓。接著再進一步探索該以怎樣的解釋變數條件來分割這些群體，結果發現49歲以下的群體以是否住在九州的居住地區條件來分割時，其成果差異最明顯。而50歲以上的群體則是以性別爲男或女來分割時，會產生最明顯的成果差異。

當有內文所述的「交互作用」存在時，在決策樹分析中，便可能得到這樣的結果。如果年齡、性別及居住地區之間沒有交互作用，那麼不論年齡高低，由性別或居住地區差異所造成的客單價差距就會是固定的。在這種情況下，年齡在50歲以上的群體和年齡在49歲以下的群體的下一輪「最佳分歧條件」應該會一樣。但實際判斷結果卻是，年齡較高者應著眼於性別差異，年齡較低者則應著眼於居住地區的差異，才能「看到較明顯的成果差距」。

即使存在數個解釋變數組合的複雜交互作用，只要再繼續進行多層的條件分歧處理，我們也依舊能夠找出「最高客單價的群體能以怎樣的解釋變數組合來描述」。這就是決策樹分析比回歸分析等其他方法更具優勢的部分。

然而，決策樹分析雖能針對每一次的分歧（依據特定指標）做出最佳判斷，卻無法保證用這些條件組合就一定能識別出「客單價最高的群體」。一旦將一開始的分歧條件換成識別效果較差的一個，第二輪的最佳分歧條件就會改變，接著第三輪的也會不同……最後整個條件組合可能會變得完全不一樣。但整體來說，結果反而更容易識別出「客單價最高的群體」也說不定。

爲了解決這樣的問題，近年來做爲一種機器學習的方法，還出現了名爲隨機森林（Random Forest）的手法。隨機森林會重複進行多次分析程序，而其分析程序是先隨機抽出數個解釋變數，然後只以這些解釋變數來進行決策樹分析。正因爲有很多樹（Tree），所以稱做森林（Forest）。

也就是將以此方式獲得的幾種樹狀結構，藉由依效能加權計算的方式，以更接近整體最佳的形式來識別成果。

隨機森林就是如此強大的一種分析手法，而它只有一點令人覺得可惜。那就是它不像已在內文中提及多次的回歸分析那樣可描述出「增加哪個解釋變數就會賺錢」，也不像決策樹分析那樣可描述出「哪種群體的客單價較高」等，亦即無法用易於言語化的形式來呈現結果。這使得與商業構想有關的資訊難以爲人腦所理解。

「以各式各樣的解釋變數進行多次決策樹分析，再將分析而得的多個結果依效能加權計算的結果」——這對人類而言，是資訊極爲複雜的一句話。

因此，如下一章將詳述的，這手法雖可用於圖像辨識或故障檢測等以準確「預測」爲目的者，卻不太適合用於如何能再進一步提升利潤的所謂「洞察」上。

第 4 章

用於營運管理的統計學

在改善產品品質與流程的生產力這方面，日本企業在過去半個多世紀以來，已成功分析了許多數據。另一方面，在品質與生產力以外的部分就幾乎都沒好好利用過數據。商業活動中包含了各式各樣的營運管理，而這些全都能透過資料數據來改善。對許多企業來說，現在該分析的就是這種除了製造以外的業務領域。那麼，該在怎樣的領域中做怎樣的分析呢？又或者，該在哪個業務領域中進行數據分析呢？對於已接觸過研究設計觀念的各位，這應該不難理解才是。

28 戴明所帶來的全新「管理」方式

造就了西南航空的成功的營運改善

前面我們已學過對於經營策略以及公司內部（人力資源）和公司外部（行銷）的管理，該如何分析並活用其分析結果。而這些應該都是提升企業獲利的重要支柱。

說得誇張點，只要能讓優秀人才擔任合適的工作，並產生高度的工作動力，而且沒選錯市場和應採取的定位，應該就能獲得相當高的利潤了。不過在達成此狀態後，若還想進一步創造出獲利差距，就必須改善營運管理。

以西南航空為例，無視於美國的景氣波動及航空業的榮枯盛衰，自一九七三年以來連續盈餘超過40年，而顧客滿意度也始終維持在最高水準，可說是非常成功。因而屢屢成為商學院的教學案例，其秘訣數度登上各商管書籍版面。具體來說，就策略觀點而言，一般認為他們是因集中於美國國內線的短程運輸而成功的。不過，從行銷策略或定位的觀點看來，也有人認為以低廉的票價和充滿幽默感的廣告策略獲得顧客青睞才是其成功理由。或者從人事策略的觀點出發，聘請服務精神旺盛的人才及維持高水準的員工滿意度等，也都經常被提到。

其實除了這些之外，西南航空也非常重視營運管理方面的改善。

例如：飛機在天空執勤的時候會產生價值，可是在地上，即停在機場時，只會產生成本。根據這樣的概念，他們努力縮短從降落到下一次起飛之間的維修時間。為此，全公司的飛機都統一採用小型噴射客機波音737，藉以減少作業人員所需記住的資訊，且降落後的清掃工作只由空服人員簡單處理而已。其座位完全沒有什麼經濟艙、商務艙的分別，全都是非對號的自由座。據說，他們還特別選擇機場使用費較便宜的小機場起降，以及可在燃油價格較便宜的州加油的航線等。

透過這樣的成本削減，西南航空便得以對顧客提供低價，並對員工提供充足的報酬，同時還能夠每年持續獲利。

要模仿「低價策略」、「重視員工滿意度」等策略很簡單，但若沒有搭配一些該有的營運管理策略以確保獲利的話，那些策略可能就無法發揮作用。

此外，若只是單純削減成本，或許也可刪減人事費用，但這和重視員工滿意度的經營策略實在是衝突太大。反之，「簡化」從降落到起飛之間的清掃，或是將所有座位都設定爲自由座等成本削減，應該是很適合選擇低價航班的目標顧客。和先前提過的QB HOUSE一樣，正因爲「重視該重視的部分，並勇於刪減或去除其他部分」的選擇充分發揮了作用，所以西南航空才得以成功。

換言之，並不是管他三七二十一總之改變營運管理，削減成本就行，這些改變必須不違背所有的策略才可以。

不只是西南航空，許多成功企業都具有這種與經營策略相符的管理巧思，以及持續做出這種努力的企業文化。例如：在過去曾經持續擴大的個人電腦市場，據說以低價和BTO（Build to Order，接單式生產）爲武器而大獲成功的戴爾電腦（Dell），一直不斷努力於精簡自家公司的產品設計，即使只是減少一根螺絲也好。每減少一根螺絲，組裝時間便能縮減4秒。而他們清楚知道，這將能爲整個公司帶來很大的利潤。

創造出 kaizen 並支援了比爾・柯林頓的統計學家

以持續累積這種營運管理上的改善爲競爭資源的做法，向來是日本製造業的一大武器，其中數據資料也扮演了很重要的角色。以豐田汽車等企業爲首，在日本製造業中一邊觀察數據資料一邊於實務層次提高生產力及品質的品管（QC，Quality Control）活動，據說在歐美的商學院裡是以kaizen（日文「改善」一詞的發音）之名來教學、傳授的。

一九八〇年代，「美日貿易摩擦」和「日本第一（Japan As Number One）」等詞句備受關注。當時美國的記者和管理學家們都很好奇「爲何日本企業在商業上如此成功？」而他們所提出的答案之一，就是kaizen。

此種文化根植於企業，這對日本人來說應是很值得自豪，不過，這既非突然從日本憑空冒出，也不是自古以來一再繼承的傳統。它是由二次大戰後，隨盟軍最高司令部從美國來到日本的統計學家威廉・愛德華茲・戴明（William Edwards

Deming）所播下的種子，並藉由以石川馨等人爲首的日本統計學家、工程學家所建立的體系而萌芽。再加上眾多日本企業經營者及管理者、工程師等持續引進至實際業務的結果，kaizen才產生出了如此巨大的價值。

在此之前，戴明在美國其實不怎麼有名，直到一九八〇年代才因「原來是他支持著日本的成長」而引起大家的注意，進而成爲包括福特在內的許多美國企業及聯邦政府的顧問。

在比爾．柯林頓（Bill Clinton）執政期間，一九九〇年代的美國經濟出現大幅成長，甚至被稱做「令人驚艷的十年（The Fabulous Decade）」。據說這時戴明也以委員的身分參與了政府決策。

對於根據會計數字或部屬業績予以激勵或警告，有時甚至予以解雇、將整個事業體賣掉等所謂的美式管理，戴明是站在批判的立場。早在於美國企業進行訓練時，他便曾以名爲紅珠實驗（Red Bead Experiment）的演示來說明這種美式管理的限制。

【紅珠實驗概要】

- 有個大容器，裡頭有許多紅珠與白珠混在一起。
- 其中紅珠代表了「瑕疵品」。
- 戴明扮演「討人厭的」主管角色，他要從受訓學員中募集作業人員。
- 每個作業人員都會拿到一個鏟子，鏟子上有50個比珠子稍微大一點的凹洞。
- 戴明會教導作業人員「正確的做法」，而作業人員必須用所拿到的鏟子撈起50顆珠子，同時盡量避免撈到紅色的珠子。
- 每撈一次代表「一天份的工作」，作業人員需反覆做好幾天份的工作。
- 戴明則執行依瑕疵品比率高低來警告或稱讚各個作業人員的「管理」工作。

在介紹戴明的紀實文學《The Man Who Discovered Quality（暫譯：發現品質的人）》一書中，有實際寫出一九八九年於印第安納波利斯進行的這個紅珠實驗的結果。接著，就讓我來說明一下其內容——

李斯特、丹、喬迪等共6人扮演作業人員的角色，以第一天的工作績效來說，喬迪的瑕疵品數量是最低的5個，寶琳和厄爾則多達12個。看到此績效的「討人厭主管」戴明便當著其他人的面稱讚喬迪說：「各位看看，喬迪能把瑕疵品的數量降到5個呢！」同時還責備其他兩人說：「相較之下，寶琳和厄爾的表現就很令人遺憾了。」接著便讓有能力又充滿幹勁的喬迪升官（見圖表4-1）。

可是從第二天起，喬迪的瑕疵品比率卻開始日益增加。這情況讓主管很不高興，於是他提醒喬迪，別因爲第一天的成功就得意忘形。到了第五天，主管把從第一天起績效就不好的丹、寶琳、厄爾都開除掉，打算讓剩下的三人負擔兩倍的工作，卻導致整體的瑕疵品比率完全無法降低。而這其實就是美式管理每天都在做的事情（見圖表4-2）。

只要懂得統計學，很快就會注意到這個問題。實際上，在那個撈珠子的大容器裡，有20%的紅珠子（瑕疵品）和80%的白珠子均勻混合在一起。在此狀態下，依照「主管所指示的正確做法」，亦即小心地將鏟子的角度維持在45度，對於降低瑕疵品的比率是沒有任何效果的。瑕疵品的數量終究是只以單純的隨機變動性便能夠解釋，這在專業術語中稱爲二項分配（Binomial Distribution），透過高中學過的

圖表 4-1 紅珠實驗的結果（第一天）

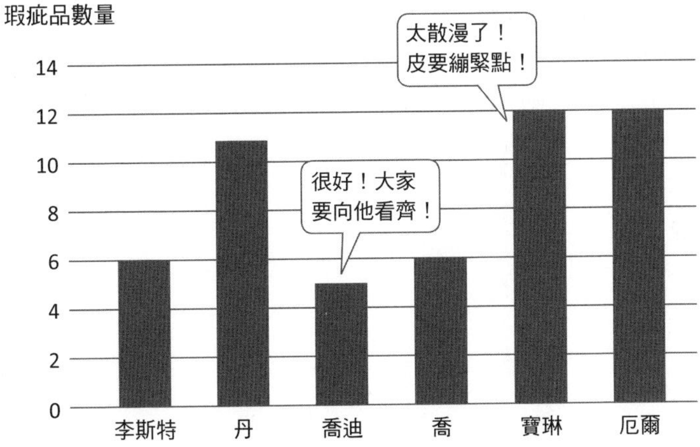

圖表 4-2 喬迪後來的績效

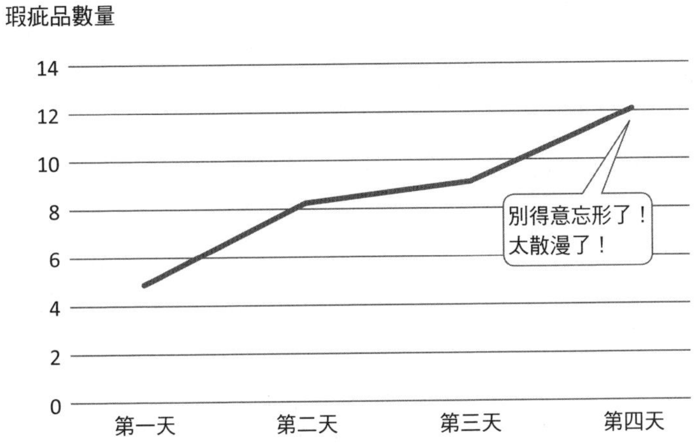

圖表 4-3　瑕疵品數量的理論分佈（紅珠的比例為20%）

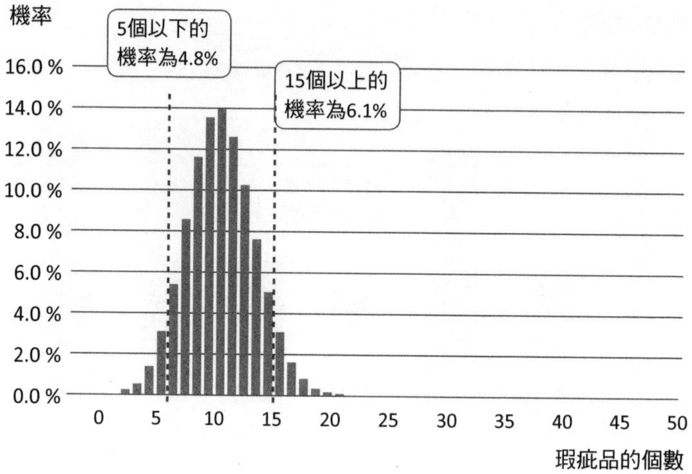

「排列組合」觀念，便可理解的計算方式，就能知道有多少機率會在50個珠子中出現幾個瑕疵品（見圖表4-3）。

實際計算看看，將瑕疵品數量在5個以下的機率全部加起來的話，總計爲4.8%。而瑕疵品數量在15個以上的機率也有6.1%。也就是說，如果6個人反覆做5天份的工作，一定會有某人至少有1次的瑕疵品數量會在5個以下，反之，也會有1次是瑕疵品數量在15個以上。瑕疵品數量在10個左右是很平常的事，只是這次抽中「5個以下」的恰巧是第一天的喬迪罷了。這根本不是因爲有

圖表 4-4　統計學式的原因探究

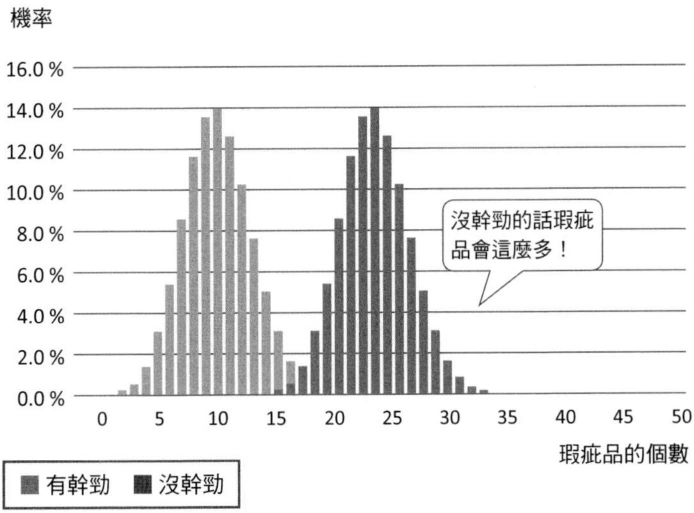

幹勁或有能力什麼的，即使之後出現10個左右的瑕疵品，也不算是比率升高。而這個道理也同樣適用於撈出12個瑕疵品的寶琳與厄爾。

像這樣，就單純的機率問題而言，若採取績效好時予以稱讚，不好時予以責備，有時甚至還直接開除的做法，實在是沒有意義。畢竟機率的變動性毫無改變，就表示沒有任何改善。

雖然彼得・杜拉克曾說過，在經營管理上，所謂的目標管理（MBO：Management By Objectives）很重要，但若是只有指出目標，那麼就算依達成與否來讚美或責罵，情況也不會改變。以本例來說，主管也可訂定「瑕疵品數量要控制在3個以下」這個目標，但幾乎沒人能做到，結果只會變成每天都在罵人，每天都在開除員工的鬧劇。

只要懂得統計學，便能夠避免這種無用的狀態。如果你眞的想知道「沒幹勁會導致瑕疵品增加」這一假設是否成立，只要事先以恰當的形式來評量員工的「幹勁」，再調查之後的瑕疵品數量即可。如果結果得到了類似圖表4-4的數據資料的話，那麼確實做好員工的工作動力管理，或許就眞能達成瑕疵品數量減少10個左右的效果。

該對付的是「在變動性背後造成影響的原因」

戴明認爲，所謂的管理工作，是思考這種變動性的背後有什麼東西在影響，以對應、處理其根本原因的行爲。

以這個紅珠實驗來說，與其靠作業人員的幹勁，降低容器中紅珠子的比例應該更能有效減少瑕疵品的數量。而對應至實際的商業活動，這就相當於改變原料供應商。或者也可改變「依據主管指示只撈一次珠子之正確做法」的作業方式。例如：授權給作業人員，讓他們在覺得紅珠比例偏高時，可自行判斷是否重做一次，這樣也能減少瑕疵品的數量。姑且不管這方式的效率高不高，但只要嘗試20次以上，平均便會有1次左右的機率能將瑕疵品的數量控制在5個以下。又或者，可做一點「設備投資」，發給作業人員一些鑷子，這樣他們就能把紅珠子挑出來換成白珠。

說起來簡單，但各位的公司真有爲了提高生產力而去處理「在變動性背後造成影響的原因」，而非「因變動性而呈現出的結果」嗎？

也有人認爲，像這樣的業務改善若是能在仔細觀察實際作業過程時發現，那麼直接安排優秀的員工並授與權限，他們應該就會自行發現才對。但能夠彌補此種質化方法的不足，帶來以往未曾注意到的觀點，正是數據資料的威力所在。藉由分析公司內部累積的資料，我們便能夠獲得線索，以了解爲了提高生產力或降低成本所該採取的行動。

29 從部分最佳到整體最佳

不論是企業的哪個領域，只要妥善收集數據資料並加以分析，都能獲得提升生產力的線索。但似乎很多人並未充分理解到這點，只有行銷及製造等領域相對較常（即使僅止於匯總的程度）活用數據，至於採購及物流等領域在數據資料的運用上則不太發達。而透過媒體及顧問公司等得知的「大數據案例」，也多半都有偏向部分領域的現象。

但這樣的狀況是非常可惜的。因爲正是以往不太運用數據資料來提升生產力的領域，在分析數據並依所取得之線索採取行動時，能獲得的好處才更大。

沈睡在公司內的廣大改善新領域

在此要介紹一些來自我個人經驗的價值感受。例如：即使只是匯總，相對在行銷研究上做得較好的公司，如果執行了如第3章所寫的「更進階一點的數據運用方法」，則每次的專案，通常都能得到多個（從幾個到十幾個不等）應可將收益提高百分之零點幾的點子。

對收益有100億日圓左右的事業來說，便能得到數個應可將收益提高幾千萬日圓的點子。而在實現這些點子、構想時，不妨從只需告知店長或採購人員之類，便可立即執行的行動開始嘗試（就像我已提過多次的，此時最好能進行隨機對照實驗）。

一旦做得差不多了，就再針對別的事業或切入點來執行分析專案。只要持續這麼做，就算整個大環境多少有些不景氣，光是行銷領域的改善，應該就足以使收益每年提升幾個百分點。

若是在生產製造領域，尤其是品質相關部分，即使用了較先進一點的手法，其改善空間仍相當有限。畢竟許多日本企業都已累積了眾多實務上的智慧與資料，從戴明隨著盟軍最高司令部來到日本至今的半個多世紀以來，都一直努力於品質的提升。當然並非所有產品類型皆如此，不過，瑕疵品比率已不再是以百分之幾爲單位，而是用ppm，亦即「100萬個之中有幾個瑕疵品」這類單位來表示了。

都到了這個程度，若還要再進一步降低瑕疵品比率的話，肯定會非常費力，更何況有時其目的甚至已不是爲了利潤，而是社會責任或企業理念之類的領域。

一旦到了這種層次，瑕疵品比率低便不再是那麼有力的競爭資源。而且遇到極少數瑕疵品的顧客大概也不至於因此受到危害，就算在出現瑕疵品客訴時提供包括優渥補償及替代品等的客戶服務，一整年花費的成本可能也不到幾百萬日圓。在這種情況下，只是爲了削減此成本而要求員工參與數據分析的做法，根本不符合成本效益。

但另一方面，在採購、物流，以及客戶服務等領域，一般都還很少運用數據資料。就連第2章所述的人力資源管理方面亦是如此。在很多企業裡，這類領域連單純匯總形式的資料運用都沒做呢。有些甚至多年來一直未曾嘗試過要努力提升生產力。

若是針對這些進行本書所介紹的數據分析處理，那會如何呢？結果應該會比前述行銷等領域的效果更好。依據我個人過去的經驗，這樣通常能獲得降低成本且提高生產力從幾個百分點、有時甚至多達十幾個百分點左右的點子。

舉個例子，假設某間公司因產品的汰舊或過期，產生了100億日圓的庫存處理成本，但卻未曾特別嘗試過要改善。在這種情況下，數據資料便可能提示出效果約莫爲數億日圓的「只要妥善處理就能改善」的辦法。正因爲以往不太有過提升生產力的努力，所以還有不少僅需稍微調整即可大幅改善的空間存在。

從「瓶頸」開始著手

基於此想法，總之先在自己的部門中嘗試運用數據資料也是不錯的。更理想的是從整體最佳的觀點出發，思考目前自家公司必須優先改善的領域爲何。

身爲管理學家同時亦是顧問專家的前物理學家伊利雅胡・高德拉特（Eliyahu M. Goldratt），在其暢銷書《目標》（天下文化）中，提出了針對經營管理之整體最佳的所謂「限制理論」觀念。而《目標》在美國成爲暢銷書後，雖然也翻譯成了其他語言，但多年來就只有日文版遲遲未能獲得翻譯許可。據說原因就在於，高德拉特本人認爲「一旦讓日本人學會整體最佳的方法，美國企業很可能又會像一九八〇年代時那樣受到威脅」。

依照高德拉特的說法，就如在前述統計品管中可看到的，日本人的局部最佳化能力在這世上可謂無人能出其右。針對某工廠的生產線或某零件等「局部」部分，勤於改善其中的生產力及品質的做法，成了在八〇年代足以威脅美國企業的一種競爭資源。

然而，若針對企業的所有部分都進行局部性的改善，是否就能達成整體最佳化呢？這倒不見得。這樣的整體最佳化，反而被認爲是日本人不擅長的部分。

那麼要是日本人學會了《目標》一書所介紹的限制理論，除了局部改善外，還能達成整體最佳化的話，情況將會如何？高德拉特認爲，這很可能會導致日本再次具備足以威脅美國企業的競爭力。

所謂的限制理論，簡言之就是「整體的生產力受制於其中最弱的一環，因此，爲了達成整體最佳化，首先必須找出並改善最弱的部分」此一觀念。而這個「最弱的部分」被高德拉特稱爲「瓶頸」。就像瓶子（bottle）的頸部（neck）給人的印象般，是整體中較細的部分。

讓我用個簡單的例子來說明。假設某製造業可大致分爲三個部門，亦即採購原料的部門、將材料加工製造的部門，以及將完成的產品賣出去的業務部門。如果採購部門每個月能穩定購入製造1萬個產品所需之原料，製造部門每個月能製造出1萬個產品，業務部門每個月也都能接到足夠的訂單而賣出1萬個商品的話，這便可視爲整體最佳的狀態。

但若這時經營者「想強化業務能力」而換了業務主管，並改善員工的聘僱方式及訓練方法，結果讓每個月能接到的訂單數量加倍成了2萬個。雖然這是件值得高興的事，但若採購部門還是只能買到1萬個產品所需的原料，或者製造部門還是只能製造出1萬個產品，那麼就算接到的訂單加倍也不具意義。因爲沒有產品可賣，搞不好只是造成業務們得讓好不容易才爭取到的顧客等待，或是必須低頭道歉請對方取消訂單罷了。

若這時工廠又出了狀況，導致生產力減半，變成每個月只能製造出5千個產品的話呢？此時可能必須支付違約金以取消原本1萬份原料的一半，或是支付倉庫或物料存放處的費用以堆放原料。另外，優秀的業務團隊更得爲了推掉無法製造的5千個產品的訂單而低頭，最後公司還只賺進5千個產品的銷售額。

圖表 4-5　企業瓶頸示例

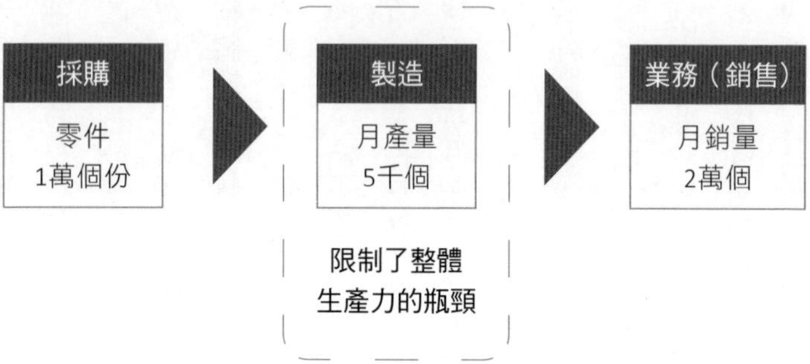

這樣的狀態與整體最佳化相去甚遠，而其瓶頸無疑就是只能產出5千個產品的製造能力。只要此瓶頸存在一天，不論業務團隊再怎麼優秀，採購部門再怎麼具備能穩定購得稀少原料的能力，公司能賺進的，永遠都只有5千個產品的銷售額。反之，若能改善比業務能力低落的採購及製造能力，那麼這家企業的生產力應該就能大幅提昇才對（見圖表4-5）。

這只是個簡單的例子，不過各部門之間或各部門內、企業內的所有工作本來就是相互關聯、彼此依賴的。供應商沒到貨，倉庫裡就不會有貨；而倉庫裡沒貨，卡車就沒東西可運送。若無法透過行銷找出有希望的潛在顧客清單，銷售業務的效率便會明顯受損，而沒有訂單，就不會有提供售後服務的對象。不管是在工廠裡還是餐廳的廚房裡，又或是在程式設計師聚集的研發中心，只要仔細釐清，一定都能看到許多業務上的關聯性或相互依賴性。

當你被要求無論如何總之想辦法用數據資料提升業績時，若有權限可變更經營策略或人力資源管理、行銷策略等的話，請務必加以處理。因爲一旦能成功地徹底重新檢視這些，企業獲利便能大幅提昇。

但如果無法做到這麼大規模的話，就姑且在自己被賦予的權限範圍內思考瓶頸即可。畢竟這很可能是你能對全公司的生產力提升做出最大貢獻的分析課題。也就是要在有權限的範圍內，找出有哪些部分比較會對相互依賴的前後資源造成浪費、剩餘、必須等待或匆忙加速等壓力。

在充分理解上述內容後，從下一節起，我們就要來學習在企業的各個部門中，該採取怎樣的成果與分析單位，又該如何分析才好等基本準則。

30 價值鏈與各部門的一般準則

接下來，我將解說除了經營策略、人力資源管理及行銷以外，所有商業領域中，各個部門所該考慮的成果與分析單位。

不過在此有個問題，那就是部門及業務該怎麼劃分這點。依企業不同，組織的分割方式也會不一樣，有時即使業務內容相同，但名稱卻不一樣。又或者在其他企業裡被分成不同單位的，在某個企業中卻是被整合爲單一部門。

若是分別接受各位的諮詢，我就能先聽完各位對自身業務內容的說明後，再提出對應的成果及分析單位建議。但書籍這種媒體很難這麼做，因此，我依據至少對

圖表 4-6　波特的價值鏈

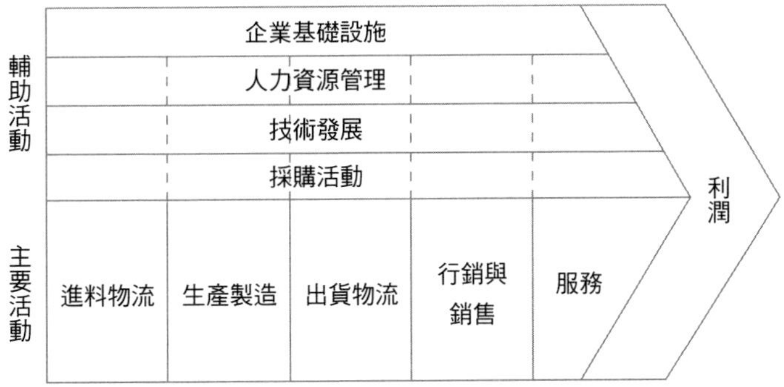

多數企業來說應是具最大共通性的基準，來分類企業組織，並解說各分類的成果及分析單位的一般準則。

價值鏈的概念

在此我採用的是管理學中，就企業組織之分割方式而言，最常見的一種想法，亦即所謂的價值鏈（Value Chain）。這是出現在與《競爭策略》齊名的波特的另一本名著《競爭優勢》（天下文化）中的概念，他在書裡將各個企業活動所產生的「價值」和「成本」整理成如圖表4-6。

在《競爭優勢》一書中，不只是該選擇哪種市場的所謂定位，波特亦著眼於為了在市場中保有優勢的企業之競爭資源及能力等部分。而此書所提出的價值鏈，以企業活動的分類來說，是普遍爲全球所採用的一種架構。

依據波特的說法，企業活動可概略分爲「主要活動」和「輔助活動」這兩大類。主要活動爲購入並運來原料（進料物流），經過製作加工後（生產製造），將成品運送至銷售點（出貨物流）。接著以行銷及銷售活動賣出後，再延伸至實際使用商品前後（服務）。

而做爲這些程序共通之輔助活動的，則包括有企業基礎設施、人力資源管理、技術發展，以及購入原料及必要材料所需的採購活動等。像是維護辦公環境、處理公司整體會計工作的總務和會計等部門，便基於「做爲公司整體基礎的設施」之意，被歸類於企業基礎設施。

當然，依行業或企業策略等不同，其中有些活動可能並不需要，又或是只有負責部分活動。例如：在服務業中，可能就幾乎不存在物流的概念；另外，也可能有某些製造業，會採取不做任何售後服務藉以提供廉價產品的策略。不過，若能在這些程序中都一致做到「以較少的成本或資本，創造出巨大價值」的話，這便能成爲利潤，亦即可獲利的競爭優勢。

實際上，就像波特所想的，各個企業活動花費了多少成本、產生了多少價值等部分，就管理會計而言，也是個不易掌握的難題。但除了企業基礎設施外的所有活動，都具備在某個程度上相當明確的成本相關指標，以及所產生價值之相關指標可做爲參考。

這些便是應分析的成果，而若再將合適的分析單位爲何這點也一起納入考量，就能和先前一樣整理出分析的準則。

首先做爲最基本的前提，就如第2章已提過的，在所有領域裡都可選擇「員工」這一分析單位。技術發展也好，採購活動也罷，進料及出貨的物流等亦然，我們總是容易把注意力放在商品或技術等方面。倘若同樣的業務有十幾個以上的人在做，那麼進行「生產力高的員工和其他員工有何差異？」、「容易出問題的員工和其他員工有何差異？」等分析便是有價值的。

只不過此處所說明的，是「生產力」及「成本」具體來說究竟爲何？以及有些小於員工（人）層次的「事」、「物」、「方法」等分析單位可用。

具體的成果與分析單位

【人力資源管理】

在人力資源管理的領域，大家一定都知道，以下所述各部門不同的「生產力」和「業績」等都是成果。此外，單純就成本問題而言，也可考慮採用「離職」或「雇用」等成果。一旦離職率高、員工的流動頻繁，生產力就會下降這一證據，我在第2章已提過，但即使忽略此結果，離職率高依舊是一個成本因素。畢竟不論是剛畢業的新鮮人還是已有工作經驗的轉職者，聘僱與培訓都是要花錢的。

若是爲了以有經驗的轉職者來塡補能幹中堅份子離職所造成的缺口，而委託人力仲介公司，那就必須支付相當於該員工半年至一年薪資的費用。同樣地，爲了徵人、求才而支出費用後，收到多少份履歷、最後又有多少人被雇用等，也具有分析的價值。如果聘僱方法妥當，每雇用一個人的成本便能夠降低，可說是最好不過。但在經營管理階層或專業人士之　每個人的生產力差異極大的職種上，則又是另當別論。在這方面，與其重視成本，應該要優先考慮能否延攬到最佳人才會比較恰當。

圖表 4-7　各個部門的成果舉例

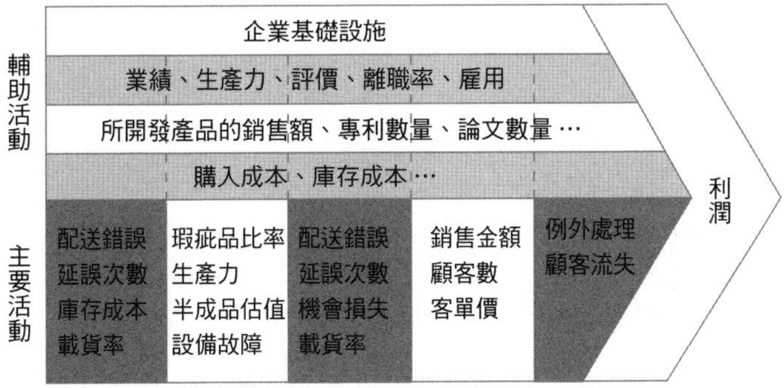

圖表 4-8　各個部門除「人」以外的分析單位舉例

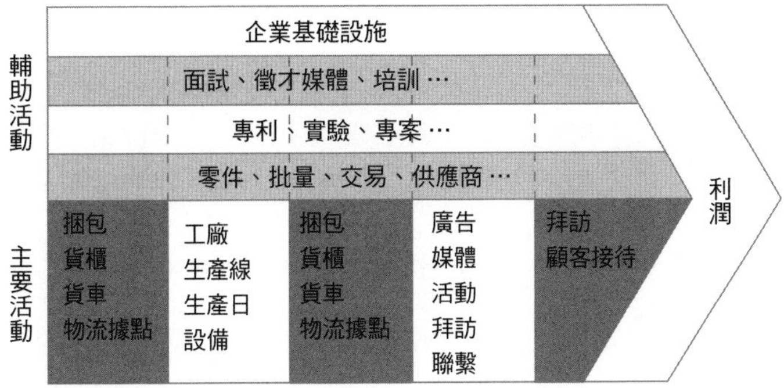

小於人的分析單位包括「面試」、「徵才媒體」、「培訓」等。例如：大企業每年可能會進行好幾百次，甚至是上千次的聘僱面試。若能像Google那樣事先整理好「面試時該問哪些問題？」這些企業就能分析出在怎樣的情況下、問怎樣的問題後，所聘僱的員工其業績會比較好。要是能藉此方式提高面試品質，在雇得優秀人才的同時減少無用的面試的話，或許就能減少花在應屆畢業生徵才上的成本。

【技術發展】

雖然技術發展屬於不確定性較高的領域，但也不至於無法分析。在這方面，與獲利直接相關的成果包括有「採用了該技術之產品的銷售額」及「該技術所帶來的授權收益」等。儘管要取得適切的這類金額數據相當困難，但至少也可利用來自專家的「就競爭資源而言的實力評價」，或所取得之「專利數量」、已出版的「論文引用次數」等形式來評估。

而在分析單位的部分，像是逐一檢視至今已取得的各項專利，就是個很不錯的分析單位。或者以期間從一至數年不等的研究專案爲單位，又或是劃分得更細，以所記錄的每一次實驗爲單位，來分析是否與技術發展的進展有關。

假設經分析後發現，使技術發展有大幅進展的實驗幾乎都集中在上午的話，那或許就該改變在實驗室窩到深夜的工作方式了。

【採購活動】

採購部門當然是以降低採購成本爲第一要務，但也不是只分析貨品的單價就好。若只是想壓低單價，那就一次大批購入即可，然而，這樣可能會增加倉儲成本、有型號更新之類的汰舊問題，以及因時間導致品質惡化故須銷毀的問題等。有時甚至還必須綜合考慮到，當所採購之零件或原料中摻雜有瑕疵品時，會在製造及銷售等過程中增加多少成本之類的問題。

至於分析單位，當然最基本的就是以「零件／原料」等「物」爲單位，不過，若是想看得更細，還可用每一次的「交易」爲單位來分析，這樣或許就能知道「在哪個時期／以怎樣的做法進行交易，最容易壓低採購價格？」此外，誠如前述，你當然也可用「員工」做爲分析單位，嘗試找出「擅長採購議價的人和其他人有何不同？」

或者反之，採取較大的單位，像是以「供應商」爲分析單位也行。若能確認工廠具備特定設備與否，將導致自家公司關鍵零件的品質大不相同的話，那麼對日後挑選新供應商時想必會很有幫助。又或者，若能知道從某些特定國家採購原料時價格總是不穩定的話，這應該也可成爲考慮外匯風險之對沖時的有用資訊。

【進料物流與出貨物流】

由配送延誤或未送達等問題所導致的機會損失，不論對主要活動中的「進料物流」還是「出貨物流」來說，都是一個重要的成果。這類問題本身不是什麼好事，會產生客訴處理和緊急配送等例外處理成本。甚至若因此陷入「沒原料故工廠無法運作」或是「沒產品可賣」等情況的話，就會成爲很致命的成本因素。

反過來想，如果這種事幾乎不太會發生，那就表示此事業「擁有即使貨物未送達也不會造成問題的庫存量」，這樣一來，反而可能會有剛剛在採購部分提過的倉儲及銷毀成本過高的問題。另外，若是以自備的貨車等去載送原料或產品，則有時將載貨率或承載率、意外事故等也做爲成本因素來考慮會更爲妥當。

至於其分析單位，通常包括「每一次的配送」、「倉庫等據點」、「捆包」和「貨車」等。

【生產製造】

在生產製造部分，一般常分析的成果包括如前述的瑕疵品比率等品質，以及「一天能做多少」的所謂生產力，還有生產設備的故障等。除此之外，和在採購及物流配送時一樣，半成品的估值，亦即介於原料和成品之間「已完成部分作業的東西」的評估價值，也是個常用的成果。工廠裡有很多半成品，與原料或成品庫存很多的情況一樣，都會產生需佔用空間堆放的倉儲成本。更何況，若公司是以現金存款的形式持有該資產，在現金流量上就會更寬裕，或許就不必向銀行借錢，也不用付利息給銀行。若總是有某些特定的半成品容易累積過多的話，很可能代表了在其周邊的相關步驟程序中，存在有某種瓶頸。

最後，這方面的常見分析單位包括了「每一個產品」、「（一次所製作的）生產批量」、「步驟程序」、（若同樣的東西有幾十個以上的話）「設備」、「生產線」、「工廠」等。

【行銷與銷售】

行銷與銷售部分就如第3章已介紹過的，可用的成果主要有「銷售（消費）金額」，以及與之直接相關的「顧客數」和「客單價」等。

至於分析單位，就層次小於員工或顧客等「人」的單位而言，可用的則包括有每一個「廣告」、「媒體」、「DM」及「來自客服中心的聯繫」、「爲了聚集潛在顧客而舉辦的活動」、「業務拜訪」等。

【服務】

在最後服務領域中，顧客流失的減少、使顧客成爲回頭客持續消費及續約等，都是可用的成果。或是像單純的客訴處理及例外處理的成本等，亦可做爲成果。

而分析單位則包括「每一次的顧客接待」、「詢問／客訴處理」，以及「爲了售後服務所進行的拜訪」等。

光是依價值鏈這麼粗略的組織分割方式，可採取的分析方針就能有如此多的變化。以此爲參考，若能讓各位所屬的組織也開始認眞考慮進行數據分析及其結果之運用的話，本人深感萬幸。

31 從業務用資料到分析用數據

首先從既有的資料開始分析

決定好成果與分析單位後，接著要解決的就是解釋變數的問題了。分析方法就如先前已講過很多次的，成果若爲數值，就用多元回歸分析；若爲符合某狀態與否的值，則用邏輯回歸。

在此雖無法像第3章之前那樣，針對剛剛介紹的各部門分析觀念，逐一詳細舉例說明，不過，我打算來介紹一個共通概念，希望各位務必記住。當你爲了改善各種業務之營運管理而展開數據分析時，首先該分析的，就是在該業務相關資訊系統中的數據資料。將其中代表如前所列之成果的資料加工處理，再將其他資料做爲可能的解釋變數，逐一進行變數選擇並加以分析，這是最基本的。

不論是採購、物流、製造，還是客服，現在很多企業都已引進對應的資訊系統。以SAP爲代表的ERP（Enterprise Resource Planning）系統是最具代表性的例子。若在你們公司的這些領域中，「至今幾乎沒利用過數據資料」的話，請各位暫且別貿然展開什麼調查行動，也別試圖建立什麼收集資料的機制。此時與其另外去調查、收集資料，還不如直接就現有資料，實際分析並思考從中能知道些什麼、又無法知道些什麼。

將資料轉化為可分析的形式

不過，這時有個問題，那就是該如何收集累積在公司內部資訊系統的資料，以及該如何把它處理成可分析的狀態。資訊系統終究是爲了「讓業務順利進行」而做的，分析其中資料算是次要目的。再加上業務所需之資料品質和分析所需之資料品質之間，是存在有差距的。

就如第1章曾提過的，分析用的資料必須以一個分析單位爲一橫列，並將成果與解釋變數依序列於各欄，而做成中間無缺漏的表格形式才行。而且解釋變數基本上全都只能是「以數值大小表示的資料」，或「（最多不過幾十個左右的）分類爲有限狀態的資料」。即使原始資料爲自由書寫的文字形式，若不加工處理成上述這兩種狀態之一，就無法進行分析。

此外，業務用資料往往具有「只要之後能讓人看懂就行」的性質。像是客戶的地址等資料，不論是全形數字、半形數字及漢字數字混用，還是省略了都道府縣等行政區名稱，反正只要印在信封上寄出去，都能寄到。但這樣會無法進行「送到東北地方還是九州地方這一差異，是否會導致運輸配送容易出問題的程度不同？」之類的分析。所以就需要花力氣建立，所謂地區的「分類爲有限狀態的資料」。

此時，若都道府縣（較高的行政區層級）和市區郡（較低的行政區層級）以下是分開的兩項資料，且都不允許缺漏的話，事情就簡單了。甚至於若其都道府縣不是以自由書寫的文字形式來記錄名稱，而是以北海道爲01、青森爲02……這樣兩碼的都道府縣代碼形式來記錄，那就更棒了。

不過，至少只要有徹底執行地址資訊必定從都道府縣寫起的規則，那麼寫個「會讀取前兩個字並做判斷」的程式，便能夠輕鬆搞定。然而，若這些資料是以

「只要人看得懂就行」的標準來管理的話，在以大阪爲據點的企業中，較懶散隨便的負責人員便可能把大阪市福島區的地址輸入成「福島區…」。這時若直接以「會讀取前兩個字並做判斷」的程式來處理，可能就會被錯誤分類爲福島縣了。

連結數據資料

還有一點必須要考慮到，那就是很多針對業務需求所累積的資料，都是以不同於我們所需之分析單位的各種其他不同層次來記錄。在這種情況下，爲了準備分析用的資料，就必須將這些連結起來，有時甚至必須加以匯總。

例如：最近正如所謂的「IoT（物聯網）」或「工業4．0」等，在工廠的生產設備方面，也開始出現越來越多會將操作記錄透過網路輸出至伺服器的機型。基本上這種操作記錄，是在零件或半成品、產品通過機器的每次操作時，都會產生一列資料。其資料內容包括了表示資訊來自哪台機器的ID、記錄的產生日期和時間、在該時間點由各種感測器所測得之溫度與濕度等。此外，還會有當時是在製造哪種型號的產品，以及是否有檢測到任何異常或警告等資訊。而試圖分析這類資料，正是現今許多企業在做的事。

那麼，這些公司能用這種資料分析些什麼呢？例如：他們可分析在多部負責同樣步驟程序的機器中，「容易因異常狀況而停止的機器和其他機器有何不同？」

可是，目前的資料是以「每次操作」爲單位統整成一列。爲了進行剛剛所說的那種分析，就必須將資料加工成以「每台機器」爲分析單位統整成一列的形式才行。爲此，就必須進行某種形式的匯總處理。因爲每台機器一定都有多筆（且其數量會隨機器而不同）操作記錄存在。

你能想出的匯總方式越是多樣，可能的解釋變數便會越多，遇見出乎意料的分析結果的可能性就越大。舉例來說，同樣就內部溫度而言，某機器變得容易故障的風險是取決於過去的平均呢？還是取決於最大值？結果利用操作記錄的時間戳記，依據各個時間帶重新匯總後，搞不好會發現，即使是以同樣的方式使用同一種機器，不知爲何，恰巧都是常在深夜運作的機器故障率較高。又或是藉由判定「最近一次，非假日但相隔24小時以上未產生操作記錄的日子是在幾天前？」這件事，也可定義出從最後一次（有停機的）檢查起算已連續運作多少天的解釋變數。

另外，若是想增加解釋變數，並讓分析結果更爲豐富的話，你就該試著探索除

圖表 4-9　使用IoT操作記錄進行分析的解釋變數舉例

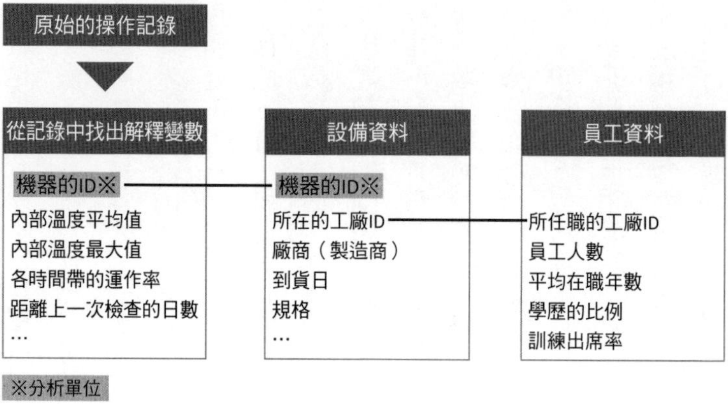

了這操作記錄外，還有哪些資料可用。例如：就各個機器本身的特性而言，是從哪家廠商、於何時購入的哪種機型，又具有怎樣的規格等，這類資訊應該也是想查就查得到才對。又或是像在引進該機器的工廠裡，分別有哪些員工、有幾人在那兒工作等資料，應該就存在於公司內的某處。

透過這樣的資訊連結，並依需要進行匯總，或許就能得到「採購時最好重視這一規格」或「此種屬性的員工較多的工廠，不知爲何機器比較不容易壞」等發現。

不過，在連結以建立分析用資料時，常常會撞上所謂「ＩＤ的一致性」這堵牆。以此例來說，就是用來判斷操作記錄來自哪台機器的ＩＤ，與用於設備管理的「何時、買了哪種型號的機器，然後放在哪裡」這類資料中的ＩＤ是不一致的，並未統一。

如果ＩＤ是統一的，就能用管理資料庫的ＳＱＬ語言裡的ＪＯＩＮ語法，或者至少也能用Excel的VLOOKUP函數等來合併資料了。但由於不一致，所以只好拼命盯著書面資料，同時以手工操作的方式做出對照表。就是如此麻煩的作業，提高了數據分析的門檻。

而在別的分析目標上，例如：在做「於最後的檢驗中，發現瑕疵的產品和其他產品有何不同？」這種分析時，也會出現同樣的問題。由不同的步驟程序所輸出的各個操作記錄，必須要能以最終的生產編號連結至對應的產品，否則就無法得知「某個步驟程序的警告訊息與最終的瑕疵品比率高度相關，必須採取應變措施才行」這種結果。

經驗豐富的工廠主管或許只要仔細查看時間與進度表，在某個程度上就能追溯其原因；不過，所謂的數據分析，就是爲了妥善處理人類無法全數掌握的大量資訊。也就是說，會想要分析的，幾乎都不是什麼該用人眼去確認的東西，所以最好先建立起可進行機械式分析的環境與狀態。

32 數據資料的品質提升與處理要點

所謂「完美資料」的陷阱

像這些資料的品質與對分析用數據的加工處理等，如果要詳細列出其注意要點，講個三天三夜也講不完，更何況依業務及資料的特性不同，應注意的程度也大不相同，故我無法一視同仁地再繼續說明下去。不過在此，我要提出一個給所有人的共通建議。

那就是，即使必須為了分析而提高數據資料的品質，也別想著要「一開始就把所有資料都做到徹底完美」。收集全公司所有的相關資料、掌握各個資料的定義及

ＩＤ的管理方法等、確認異常值及資料的缺漏，然後以統一的資料庫建立出隨時隨地都能滿足各種分析需求的基礎吧！——這觀念非常棒，但就我所知，至今還不太有聽說過這樣的努力曾產生出對應於其投資的美好成果。

原因就在於這樣的作業實在是太費時費力了。例如：光是跨越部門藩籬收集資料這一想法本身，便可能因本位主義而需要花很大力氣在內部協調上。或者，就連各部門負責管理業務系統的人，都不是很清楚自己所管理系統內的資料是怎麼一回事。有些業務系統甚至是從幾十年前建立起之後，「由於對業務不特別有妨礙」於是便持續沿用至今。由於知道當時情況的人都已退休或離職，也沒留下像樣的說明文件，所以這些系統就像黑盒子般地存留了下來。

在跨越這些苦難，總算在某個程度上完成如當初所設定範圍的「公司整體的分析基礎」時，往往都已花費了數年時間與數億日圓的成本。一回神卻才注意到，於此期間，公司內又出現了專案開始時還不存在的新資訊系統與數據資料，以及使用規則的改變等。不論是爲了符合規範，還是爲了對ＩｏＴ領域的投資，儘管各種變化全都合理，也改變不了「公司整體的分析基礎」永遠無法完成這一事實。

而且最大的問題是，如果要等到把資料做到徹底完美才動手，就會遲遲無法展開分析並產生結果。在收集資料過程中的內部協調階段，「把資料管理得整整齊齊能有多大好處？」、「達到什麼狀態的資料才算是可分析的？」等話題都是免不了的。而爲了回答這些問題，你至少必須實際分析一次，試著基於該分析結果來採取行動並獲得好處才行。

換言之，正如所謂的雞生蛋還是蛋生雞，資料沒備齊就不能分析，而沒分析過又無法說明備齊資料的好處。這樣內部協調便永無結束之日，數據資料也生不出任何價值。

感覺到「侷促」就對了

因此，我建議各位「總之從做得到的範圍開始分析看看」。若只有操作記錄的話，就只用操作記錄。而機器的規格部分，若是能以手工作業來連結的分量，則可一起嘗試看看。由此開始，盡量想出各種可能的解釋變數，而分析後的結果如何，又該採取什麼樣的行動較有機會獲利，接著再盡可能（說來囉唆，但就是要透過隨機對照實驗等方式）予以驗證。

在那之後，我想各位應該就能感覺到我所說的「侷促」了，也就是「似乎是能做出這樣的結論，但資料實在不夠」的感覺。藉由對前述過程的實際體驗，你應該就會知道所謂的分析用資料必須要達到什麼狀態才行。此外，對於自己所分析資料的ＩＤ編號是以什麼方式分配，想必也已經很清楚了。

達到此狀態後，再去找自己覺得十分需要的其他資料，並加工處理爲必要狀態。而由於又會新增出可分析的資料，故或許可用不同於以往的分析單位及成果來分析。

就像這樣一點一滴地分析、擴大採取行動的範圍，同時在某個程度上手工作業的內容也會逐漸固定。正是在這個時候該要「建立像樣的分析基礎」。就連剛剛提過會在內部協調時成爲議題的「能有多大好處？」、「要達到什麼狀態才行？」等問題，到了這個時間點應該也已能夠流暢地解釋才對。

此時，先前拚命低頭拜託提供資料卻連理都不想理的那些部門主管，甚至還會特地跑來積極地表示想要參與的意願呢。

不必勉強思考「假設」

另外也請記住，思考解釋變數和「思考假設」是不一樣的。一旦想著要「思考假設」，就會變得必須要講好話，而產生不能說錯話的壓力。原本所謂好的假設，是指違背直覺、具有以往從未想過之意外性的東西，但畢竟要想出「想都沒想過的東西」非常困難，而且就算好不容易想到了，在會議室中也可能會因爲聽起來像是離題了而被否決。

與其如此，還不如姑且決定一個分析單位，然後針對「若要以既有資料來定義該分析單位的特徵，可能會是哪些？」這一問題，來思考各式各樣的可能性。這就叫做思考解釋變數。正如先前已也提過的，就是以「用數字表示大小」、「（最多幾十個左右的）分類爲有限狀態」這兩種觀點，來分類既有的自由書寫之文字形式資料，並考慮各種匯總方式或結合多列數據的計算方法。即使所分析的資料相同，此時所想到點子的多樣性可說是大幅左右了最終結果的豐富性。

點子想完了，便先將「如何加工處理？」一事徹底言語化，然後實際對資料進行加工處理。

若資料的規模較小，那麼或許可用Excel的函數或樞紐分析表來搞定，但若是將操作記錄之類的資料匯入Excel，一般的個人電腦很快就會記憶體不足了。這時就必須先匯入資料庫，再用SQL做匯總，或是撰寫SAS及R、Stata等的程式碼才行。其實用什麼工具都無所謂，在某些情況下你甚至可找來公司內部或外部的程式設計師協助。

實際上，在有外部的數據科學家等人參與的數據分析專案中，最費時費力、成本也最高的，正是這個資料加工處理的階段。在1億日圓的專案中，有時甚至就有多達8千萬日圓的工時是花在這種資料加工上。

我本人過去也曾有過多不勝數的這種資料加工經驗，然而，絕大多數都是一些有限的構想組合，因此，儘管一開始很辛苦，但基本上這屬於熟練度的問題。我之所以創立名爲DATA VEHICLE的軟體開發公司，就是因爲這世上沒有工具能自動處理分析之前的這類資料加工作業。例如：Data Diver這個工具能夠將確實統一了ID的資料上傳，只要指定好分析單位與成果，便能夠自動加工處理各式各樣可能的解釋變數。接著進行變數選擇後，還會將所得到的多元回歸分析或邏輯回歸的分析結果，以自然語言及互動式圖表來呈現。

而使用Data Ferry這種工具的話，你不需撰寫任何程式碼，只要提供權限，它就能連接公司內部資料庫，然後合併從中取得之數據資料，並清理缺漏或異常值等會對分析造成問題的內容。如此一來，任何人都能輕鬆操作以取得乾淨的分析用資料了。

你可依需要活用這類工具，或是利用這個機會學習以SQL或SAS、R等來加工資料的技術。不論如何，若各位能從目前立刻可得的資料開始，逐漸擴大分析範圍，並於最終獲得理想成果的話，在下將深感榮幸。

33 「為了洞察而分析」和「為了預測而分析」

前面我們已學過各個企業部門的分析單位及成果的一般準則。儘管每間公司能用的資料都不盡相同，不過，我們也已學到要依據既有資料盡可能想出各種解釋變數，並將之加工為每個解析單位各一列的形式。該提及的業務種類實在很多，很難以一一具體舉例說明分析結果，但其實說穿了，也就只是重複我在第1～3章講過很多遍的東西而已。

亦即使用多元回歸分析和邏輯回歸，以及變數選擇手法，來找出「成果很理想的分析單位和其他分析單位的差異何在？」然後再試著採取可有效改變或替換該差異的行動即可。就此意義而言，本書至此已可算是全部說明完畢。

何謂「為了預測而分析」

不過，最後讓我再介紹一個本書到目前爲止還沒提過的統計學另一個功用——那就是「爲了預測而分析」這個面向。

之前所討論的，全都是「爲了洞察而分析」。舉個例子，假設有個多元回歸分析的結果，其分析單位爲商品，成果爲銷量。而基於此結果來解讀各解釋變數的回歸係數，以思考「怎麼做才能夠進一步增加銷售額？」的做法，正是我先前不斷反覆說明的內容。

爲了提高銷售額，舉凡產品的功能、規格、設計、包裝、價格、應加強銷售的零售店、廣告的文案及模特兒、所刊登的媒體等，有各式各樣的條件都能改變。該如何改變其中的哪一項，才能讓銷售額增加呢？藉由這樣的洞察來讓生意越來越好，就是本書到目前爲止一直在介紹的方法。

然而，對於同樣的分析結果，也有人抱持著不同想法。撇開該怎麼做才能提升銷售額，他們想知道的是，目前到底該購入、運送、製造多少商品才好，也就是站在想準確預測的立場。對於負責這種營運管理的人來說，若能事先得知確切的銷售量，就能夠依需要進行採購、製造，並安置於某處的倉庫。一旦此數字被高估，就會產生多餘庫存，導致成本增加，還會擠壓到現金流量。而要是被過度低估，則會形成機會損失。

用於此種目的者，正是所謂的「爲了預測而分析」。不只是東西的數量，還有如客服中心的待命人員數量、伺服器的運算資源等，如果能有效預測各種商業經營相關資源的必要量，或許就能夠削減不必要的成本。

而包含本書在內，在討論統計學時，我之所以會著重洞察甚於預測，主要是因爲對多數社會人士來說，這比較簡單也比較能發揮其自身優勢。

「為了洞察而分析」時，你的內隱知識便會成為武器

能發揮自身優勢是什麼意思呢？意思就是，一旦目的爲洞察，就算是能運用先進複雜之分析與ＩＴ技術，以及超級電腦等級之昂貴計算資源的分析專家，也不見

得能夠像在本行具豐富實務經驗的人那麼有洞察力。

請回想一下第2章所說的「語言智力越高的業務員，業績反而越差」的系統性回顧研究結果。若這樣的關聯性也存在於你們公司，分析專家們只要將進公司時的SPI成績資料與業績進行連結並分析，應該很快就能發現這種結果。但他們卻不見得能對該結果代表了什麼意義、又該如何運用等方面提出有用的見解。他們或許只能淺白地直接做出「業務團隊似乎該雇用，SPI語言測驗成績較低者會比較好」這種程度的建議。或者，由於無法解釋該結果，於是便決定「排除此解釋變數後再重新分析一次」。

和我一起經營公司的夥伴，是一位在日本IT業界知名的業務專家，當我跟他提到這個研究結果時，他的反應是這樣的——

「的確，年輕優秀且能言善道的業務員確實有業績成長不理想的現象。與其說是因為語言智力高不高的影響，問題應該在於語言智力高，所以就過度仰賴以語言解釋一切的關係。顧客當然也關心產品的功能及優點等部分，但有些產品是聽了再多說明也無法消除決策上的不確定性的。在這種情況下，比起言語上的清晰說明，出問題時的應對可靠與否或許更為重要。」

這就是本行專業對分析結果的洞察。基於此想法，我們便可推導出一種結論，亦即與其雇用語言智力較低者，不論語言智力高還是低，都給予不靠言語而贏得信賴的非言語溝通方法訓練，或是提供這方面的銷售用輔助資料，這樣的措施應該會更有效。

爲了對這樣的分析結果做出解釋，並採取行動，相關業務的內隱知識就變得很重要。換言之，各位只要稍微培養一些數據分析的技巧，本身所具備的內隱知識就能夠變身爲前所未有的一大武器。即使沒能成爲可從零想出假設的外顯知識，看到分析結果後才「這麼說來，的確是如此！」地恍然大悟、才得以言語化的內隱知識，在各行各業的專業人士腦裡應該潛藏了很多才是。

但這在預測方面又是如何呢？若是運用機器學習等先進分析技術，預測的效能也有可能大幅提昇，可是這樣的分析結果往往會有黑箱化的傾向。因爲對這類手法來說，其結果是可以不易理解的，是可以不像回歸分析等「哪個解釋變數和成果有多大的關聯性？」這麼清楚的。然而，透過複雜地變換、搭配組合各種解釋變數，總之，將預測值與實際值間的差距縮到最小的這類做法，經常都表現出了很高的預測效能。

當然要理解並充分運用這些手法，是需要一些數理知識和程式設計技術的。而隨著資料量增加，也需要有能夠高速處理數據資料的運算資源才行。此外，是否擁有內容資訊可能影響預測的「大數據」這點，也區分了對預測精準度的有利與否。

對於這樣的領域，恐怕絕大多數的社會人士都不必考慮要「自己想辦法做」。如果黑不黑箱無所謂，總之有準就好的話，那就公開競標，把樣本數據交給來競標的承包商，然後用後述的方法來公正評價各家黑箱的預測效能即可。

「為了預測而分析」之所以困難的兩個理由

以上是關於「發揮自身優勢」的部分，接下來讓我再進一步說明預測難於洞察之處。

例如：經驗豐富的醫師就算能充分運用電子病歷中的資料和先進的分析工具，也很難準確預測某人接下來還能夠活幾年。當然一般來說，平均壽命是算得出來的，而死亡率會隨著血壓高或ＢＭＩ高等健康狀況而升高等，也都已經有研究證實了。然而，由此種分析結果所推估出的預測值和實際值之間的差距，其實並不是那麼小。

舉例來說，癌細胞已轉移至全身的80～94歲高齡肺癌末期病患，還能活幾年呢？基本上，「應該1年內就會死亡」的想法是合理的。日本的全國癌症（成人病）中心協會依據所有加盟醫療設施的病患資料，在網路上依年齡、癌症種類、疾病的發展階段別，公佈了還能活多少年的統計結果。根據他們的推算，80％左右的這類病患應該都會在1年內死亡。但反過來說，再活1～2年的人也有近10％，甚至雖然只有幾個百分點的比例，可是之後還能再活5年的人也不是完全沒有（見圖表4－10）。

亦即雖做出了可能性最高的「1年內」的預測，卻還是可能被百分之幾的病患及其家屬抱怨：「根本一點兒也不準！」

連高齡的癌末病患都如此，更別說要預測有點不健康的40幾歲男性等其他族群有多困難了。再怎麼以包括基因等目前想得到的解釋變數和高深的統計手法來做預測，預測值與實際結果的差距多達數年至10年以上都是很有可能的。因此，這樣的預測值通常只用於像「再這樣下去，你很快就會死翹翹的！」這種醫病間的風險溝通（Risk Communication）。

圖表 4-10　高齡癌末病患的相對存活率變化

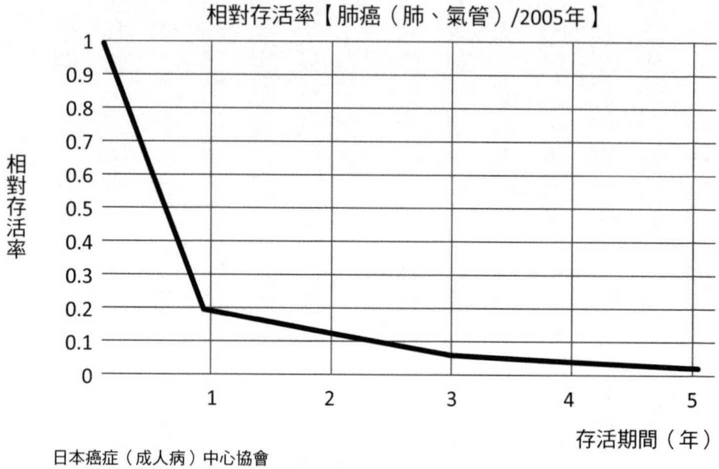

日本癌症（成人病）中心協會
https://kapweb.chiba-cancer-registry.org/

那麼另一方面，洞察又是如何呢？過去幾十年來，許多醫學研究人員已洞察了很多關於血壓及ＢＭＩ，還有特定血液測試值及基因模式等，與死亡率或某些疾病的發病有所關聯的分析結果。許多有效的治療方法便是由此誕生。就算無法確切知道今後還能再活幾年，但至少以隨機對照實驗可證實服用某種藥物、接受手術、遵循某些生活規範等應該能夠活得更久。

到底預測和洞察的難度差異何在呢？首先，剛剛所說的預測屬於個別、單獨的情況，洞察則屬於群體性的。人體是很複雜的，每個人的體質都不同。因此，即使同年齡的人得了同樣的癌症，也還是有人活得久、有人活不久，預測起來可說是相當困難。但進行洞察時，就只是在討論群體層次的因果關係罷了。從個人層面看來，在同樣情況下，可能有的人不論吃不吃某種藥物都沒效。而人類至今尚未具備能夠準確判斷那些人到底是哪種人的技術。

不過若是將人隨機分成各１００人的群體，亦即在機率上幾乎可視為條件完全均等的群體，然後進行讓其中一群人吃這種藥，另一群不吃的所謂隨機對照實驗。假設結果發現，吃了藥的那群人明顯出現超越單純誤差或變動性的壽命延長現象，那就證明了今後應該要使用此藥物。雖然不見得對所有人都有效，也不知道對誰才有效，但就整個群體而言，我們可判斷使用此藥物顯然是能夠延長壽命、顯然是有益的。

而企業進行洞察時也是一樣。雖說做某種訓練不見得能讓所有員工的生產力都提升，但可確定就公司整體而言，生產力似乎是會提升的。或者即使接觸了某廣告，也不見得就一定能喚起所有顧客的購買慾，但可確定就整體市場而言，此廣告似乎是能提高銷售額的。

另外，保險公司是請所謂精算師的專業人士來評估生病及意外、死亡等的風險，藉由在保費與給付金之間取得平衡的方式來創造利潤。像這樣的預測也只是針對群體的預測。即使無法預知單一個體會在何時、何處死亡，但只要有數萬人以上，在某個程度上，就能準確預估其中有多少百分比的人會死亡。

儘管某個月的死亡人數可能會恰巧低於預測值，或是某個月恰巧高於預測值，只要在設定保費時加上這種變動性的風險成本，便能夠長期、穩定地獲利，這正是保險業的商業邏輯。

然而，在各種業務的營運管理上，預測的重要性不在於整體及長期的平均數值，而在於「何時」、「何處」、「什麼」的具體、個別數字。

某倉庫所囤積的產品數量依日期不同，有時可能會比預測值多太多，有時又可能太少。而不同顏色版本的同一產品，也可能會有庫存太多或太少的問題，因此，就算被告知「在日本全國，一整年所有顏色的產品總共需要10萬個」這種資訊，也不怎麼令人高興。爲了要最佳化倉儲及運送的成本，以及機會損失的風險，其中哪種顏色的產品必須在何時、置於何處，才是他們想知道的。

甚至讓預測更顯困難的，是其中所隱含的「除此資料以外的其他條件都爲一般狀態的話」、「此狀態今後也會持續下去的話」等假設前提。

像是競爭對手產品大賣以致於搶了我方市佔率，或反之因爲某些契機讓自家商品突然爆紅、發生大災難或是經濟危機、政府的經濟政策成功或失敗而影響消費等事情，每隔10～20年就可能發生一次。換言之，每隔幾年便會有上述的其中一種狀況發生，導致預測完全失準。

雖說這機率不算低，但還是很難預測何時會發生。如先前所舉的在醫療領域預測壽命的例子也是一樣，「在30年內發明出具突破性的慢性病治療法」、「因爲某些契機使得病患突然改變其生活習慣」等的機率也並不低，但這些條件幾乎都不可能納入預測。

失敗的Google流感病患預測

實際上，就算對擁有極大量數據與莫大計算資源可用的Google來說，預測也還是很困難的事。有個例子經常被拿來證明大數據的厲害之處，那就是所謂「Google運用本身擁有的搜尋記錄，成功預測了流感病患之發病數」的Google Flu Trends（流感趨勢預測）網路服務。然而，依據在哈佛大學政治經濟學領域教統計學的蓋瑞・金（Gary King）教授等人於二〇一四年發表的論文，這個Google Flu Trends似乎不太準確。

此論文的標題就是「Google Flu Trends似乎還在生病中（Still Appears Sick）」，其中比對了二〇一三～二〇一四年流感流行期間的Google Flu Trends預測值和流感病患數的「正確答案」，亦即CDC（Centers for Disease Control and Prevention，美國疾病管制與預防中心）的統計數據，以驗證其準確度。

而結果如圖表4-11所示。通過縱軸0處的水平線，代表了「與CDC的統計一致的部分」。由此可看出，有四分之三的期間Google的預測都遠高於CDC，且就整體來說其預測值似乎有多出三成左右的傾向。此外當預測值多五成以上時，甚至還有超過兩倍的情況發生。

建立此預測系統時，Google當然有本著「以數據資料達成最高的預測精準度」之精神，從搜尋結果做出預測流感患者人數的公式。但不知不覺地，預測值和實際值之間的差距就變成了這麼大。以這種等級的精準度來說，靠人的直覺來猜搞不好還比較準。我想今日依舊存在不少建議「以大數據及IoT來預測需求」的IT或顧問公司，不過連Google都這樣了，這些公司真的可以信賴嗎？

圖表 4-11　Google Flu Trends的預測精準度

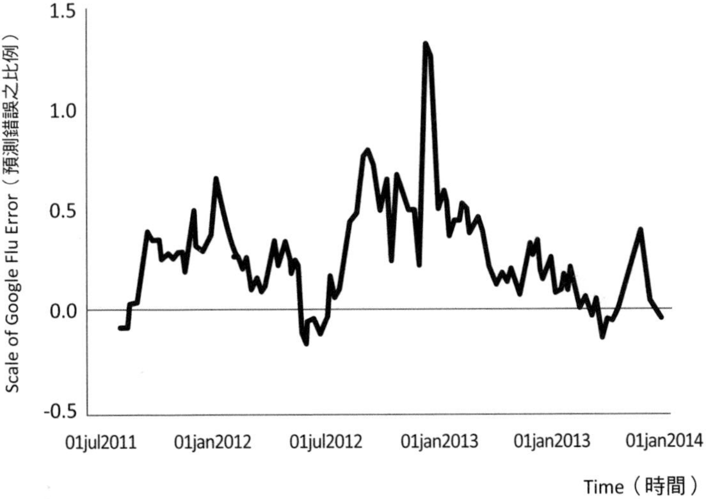

https://ssrn.com/abstract=2408560

話雖如此，但蓋瑞．金等人的論文並未做出「預測眞的很難」這種結論，以實際資料驗證後，其最後的總結爲「簡單的自回歸模型（Autoregressive Model）的預測精準度似乎比較高」。

雖然我不打算再深入探討與預測有關的手法，不過在本書最後，讓我來介紹一下這個「簡單的自回歸模型」及由之發展而來的時間序列預測法（Time Series Forecasts），亦即以公正評價來自數據資料之預測妥適與否的方法，來爲本書作結。

34 自回歸模型與交叉驗證

自回歸模型概述

那麼，接下來便爲各位說明由蓋瑞・金等人所指出，效果比Google的做法更好的這種基本的時間序列分析法——自回歸模型。

所謂的自回歸模型，就是指「使用自己（在之前的時間序列）的值的回歸分析」。以兩位發明者的名字，包括之後演變出的手法在內，這一系列方法也被稱做波克斯–詹金斯（Box-Jenkins）模型。而自回歸模型的英文爲Autoregressive Model，故有時也被簡稱爲ＡＲ模型。

該採購的零件數量、該製造的產品數量、該存放於特定倉庫的貨品數量，甚至是客服中心的來電數等，來自直覺的「由於上週比我想得還多，所以本週應該也會比較多吧」這種預測有時是成立的。反之，也可能會發生「畢竟上週那麼多，這週應該不會太多才對」亦即需求提前的現象。也就是與一個月前或一週前的值產生正相關或負相關之意。

以這種時間序列來分析時，你可自由選擇要用週爲單位，還是用月、日或小時爲單位，有時甚至可用分鐘爲單位。例如：要依據客服中心的來電數，來考量所需的客服人員數的話，可用日爲單位，或者若希望更精確，可能就必須用小時爲單位來預測需求。又或是有些產品接單下單的時間點是以月爲單位的話，那麼以月爲單位分析應該就夠了。

因此，依照本書至此爲止的說明，所謂的自回歸模型便可說成是分析單位爲日、週、月等「時間序列」，且解釋變數爲「之前某個時間點的自己的值」的一種多元回歸分析。換句話說，若以圖表4-12那樣的數據資料來進行多元回歸分析，就差不多等於是以自回歸模型來進行預測了。

雖說自回歸模型較正式的做法是以名爲Yule-Walker的方程式來推估回歸係數並

圖表 4-12　自回歸模型所需之分析資料示例

	當月出貨量	前月出貨量	2個月前的出貨量	…	12個月前的出貨量
2010年1月	581	450	260	…	535
2010年2月	399	581	450	…	357
…	…	…	…	…	…
2016年9月	401	203	332	…	357

想預測這裡的值

預測出可能的值，但使用和多元回歸分析一樣的方法，也能得到大致相似的結果。

此外，到底是只需要1個時間單位前的值就能預測，還是也需要考慮2個時間單位前的值，那3、4個時間單位前的值呢？這樣一直考慮下去肯定是沒完沒了，而我自己通常採取如下的做法。

以月爲單位的話，就考慮到12個月前；以季爲單位的話，就考慮到8季前（即2年前）。亦即在掌握一到兩個週期的狀態下思考可能的解釋變數，再進行變數選擇處理。

在此實際將各月份的產品出貨量，以這種自回歸模型進行分析後，假設得到了如圖表4-13的結果。

圖表 4-13　自回歸模型的分析結果

解釋變數	回歸係數	p 值
截距	500	<0.001
1個月前	-0.40	0.004
2個月前	0.15	0.033
4個月前	0.20	0.017

從中可看出1個月前每賣出1個產品，本月的銷量就會減少0．4個的所謂「需求提前」現象。不過，2個月前每賣出1個產品，本月的銷量會減少0．15個；4個月前每賣出1個產品，本月的銷量則有增加0．2個的傾向。

洞察式分析會對這樣的回歸係數本身進行各種研究、審查，但對預測式分析來說，實際的預測值比較重要。例如：當我們要預測下個月的需求時，在1個月前（即本月）的銷量爲400個，2個月前（即上個月）的銷量爲600個，4個月前（即距今3個月前）的銷量爲300個的狀態下，預測值會是多少呢？

答案是500－0.40×400＋0.15×600＋0.20×300＝490個。而此時的問題在於，如此計算來的預測值和實際值之間的差距，是否小得足以讓人滿意。

要小心過度學習

若是想進一步提升預測的精準度，基本上和洞察時一樣，就是要增加可能的解釋變數，然後做變數選擇。例如：從自回歸模型演變而來的波克斯－詹金斯式分析方法中，便有所謂的ARIMA模型及SARIMA模型等。正因為是由AR模型結合Seasonal（季節性的）或Integrated（整合的）、Moving Average（移動平均）等元素而成，故有此名稱。

換言之，這些就是採取自回歸模型的概念，再納入「以之前時間點的預測值和實際值間的差距為解釋變數」或「也將季節性的變動做為解釋變數」等的手法。

此外，還有將其分析單位，亦即時間序列（月／週／日……）之特徵列為可能的解釋變數的做法。像是哪個月、星期幾等資訊，以及該時間點的溫度及濕度等，也都可列為可能的解釋變數。甚至不只是「因為這天氣溫很高所以賣得很好」這種同時間點的效果，或許也可能有「因爲前一天氣溫很高所以賣得很好」這 時間序列偏移的相關性存在。若是如此，那麼便可將「一個時間單位前的氣溫」、「兩個時間單位前的氣溫」等也列爲可能的解釋變數。

然而必須注意的是，雖然解釋變數再怎麼增加都無所謂，但最後一定要進行適當的變數選擇。

就像第1章提過的，當分析單位的數量只有30個（以本例來說就是30個時間單位）時，只要以29個解釋變數進行分析，然後解方程組，便能輕易達成「預測值與實際值完美一致」的狀態。

可是，由此而生的預測方法對往後根本毫無助益。這正是所謂過適（Over-fitting）或過度學習的現象，簡言之，就是用了與原本想預測之值毫無關聯的解釋變數，勉強去符合資料的狀態。因此，若是將之實際應用於今後的預測，這勉強符合的部分便會造成結果的扭曲、失準。

採取交叉驗證

爲了避免過度學習，並做出實際有用的預測，我們至少必須進行將ＡＩＣ（Akaike Information Criterion，赤池資訊量準則）最小化的變數選擇。這個ＡＩＣ是由日本前統計數理研究所所長赤池弘次於一九七三年所發表的。雖然近似計算，但卻已成爲一種選擇標準，可用來選出僅含預測力高之解釋變數的預測公式。它是日本人對統計學最有名的一項貢獻，在當今世界各地的統計學工具中，應該都看得見它的身影。

若有可能，以交叉驗證法（Cross Validation）來檢驗，又比用ＡＩＣ評估更爲理想。

多元回歸分析也好，邏輯回歸也罷，回歸係數及比值比的推估基本上都是依「最符合分析用數據資料」的原則進行。雖說也可能因此增加過多的解釋變數，並產生過度學習的問題；不過，我們想知道的是，撇開過度學習，今後能以多少的精準度猜出預測值。

所以交叉驗證，就是將進行擬合的資料和檢驗其精準度用的資料隨機分群。一般基於「用來訓練預測模型」之意，通常將前者稱爲訓練資料，而用來檢驗其精準度的後者則稱做測試資料。

最常見的所謂10折（10-fold）交叉驗證，就是先將整體資料隨機分成10個群組。然後以其中的9個群組爲訓練資料，剩下的1個群組爲測試資料的方式，反覆進行10次，直到每個群組都當過一次測試資料爲止，藉此驗證其精準度。有些分析工具甚至還具備「建立基於交叉驗證法的最高效能預測模型」之類的功能。

經過這樣的驗證所計算出來的預測值與實際值差距，可能爲正值（預測值較高），也可能爲負值（預測值較低）。

這時要看的是其波動範圍多大、分別朝正向及負向最多偏離了多少等。其中「波動範圍多大」可用標準差來評估。一般來說，「在大部分情況下，預測精準度會落在標準差的2倍以內」。而若預測精準度的具體可接受範圍及目標已確定爲在「±多少以內」的話，我們還可整理出「在所有資料中，預測成功落在可接受範圍內的期間比例」。

在此舉個例子來說明這種預測精準度的評估結果，如圖表4-14所示。

標準差爲60，一般來說預測應會落在±120個以內。而最多時曾多估了

圖表 4-14　以交叉驗證評估預測精準度的例子

	值
（預測值－實際值）的標準差	60
（預測值－實際值）的最大值	+150
（預測值－實際值）的最小值	-140
目標值（±50）以內的月數	60個月裡有40個月（66.7%）

150個，最少時曾少估了140個。還有，若欲達成之誤差目標是要在±50個以內的話，則有成功預測者佔了所有分析用資料60個月中的40個月（66.7%）。

此外，當你要實際基於這樣的結果來做營運管理時，可不是直接依照預測值來進貨、配送就行了。你必須將缺貨所造成的機會損失和緊急出貨、運送，還有庫存過多所導致的倉儲成本等何者較可怕等都納入考量，以做出綜合性的判斷。

如果倉儲成本不那麼嚴重，總之想要避免機會損失的話，那就常態性地維持比預測值多140個的庫存即可。只要沒發生什麼從這5年間的發展趨勢所難以想像的狀況，這樣應該就足以避免缺貨了。只不過在這種情況下，平常庫存較多時會多達260（＝140＋120）個，最多的月份甚至可能達到290（＝140＋150）個之多。

由此再多增加一點緩衝後，若似乎還是能比以往靠直覺與經驗做出的需求預測更能減少庫存的話，那麼儘管利益微薄，仍可算是成功做出了有利可圖的預測。

當然，如果再增加資料的種類並採用更先進、複雜的手法，也還是有空間可進一步提升預測的精準度。提供此類工具與服務的企業在這世上不計其數，若各位有興趣，請務必接觸看看。

雖說對多數社會人士來說，這些手法不見得有必要全都理解，但你至少要有不會被過度學習所偽裝之預測精準度騙倒的架勢。接著，只要能夠小心謹慎地處理這樣的交叉驗證，以及考量到實際成本的綜合性營運管理判斷，那就非常理想了。

35 本章總結

至此為止，本書的多數篇幅都用在說明如何分析企業中與較大利益直接相關的領域，然後洞察並應用其分析結果。具體來說，首先於第1章討論了在自家公司之戰場，亦即市場上，怎樣的企業獲利能力較高的所謂經營策略部分。然後為了實踐這樣的經營策略，以公司內部的人才和公司外部的顧客等兩種「人」為分析單位來思考的做法，則分別為第2與第3章的內容。

若再進一步分解，分析個別的「事」及「物」等，便可達成營運管理方面的改善。在採購、物流、技術發展、服務等各個領域中，有各式各樣能為企業帶來利潤

圖表 4-15　本書所介紹的各個部門的成果與分析單位的例子

	成果	分析單位
人力資源管理	業績、生產力、評價、離職率、雇用等	面試、徵才媒體、培訓等
技術發展	所開發產品的銷售額、專利數量、論文數量等	專利、實驗、專案等
採購活動	購入成本、庫存成本等	零件、批量、交易、供應商等
生產製造	瑕疵品比率、生產力、半成品估值、設備故障等	工廠、生產線、生產日、設備等
物流	配送錯誤、配送延誤次數、庫存成本、載貨率等	捆包、貨櫃、貨車、物流據點等
行銷與銷售	銷售（消費）金額、顧客數、客單價等	廣告、媒體、活動、拜訪、聯繫等
服務	例外處理、顧客流失等	拜訪、顧客接待等

的成果可考慮。而這些可整理成如圖表4-15。

以此爲參考，努力改善所有部門的所有成果亦不失爲一種想法，不過更重要的是，你應該要先消除存在於企業整體營運中的「瓶頸」。舉例來說，強化業務能力很好，但強化到了製造或零件採購都趕不上的程度就會失去意義，而將製造部門的生產力提高到遠超出業務部門所能賣掉的數量，也同樣沒有意義。盡可能先在整個企業中，或者至少在部門中，仔細思考目前有哪些活動是瓶頸，然後再進行分析與改善，如此應能獲得較大的成果。

包括ERP在內的資訊科技普及，應已讓許多企業累積了大量這類營運管理相關的業務數據資料。在哪個倉庫裡、哪些零件分別有幾個，而在哪間工廠裡有哪些機器、又是在何時、從哪裡、由誰負責採購來的等各種資訊，在多數企業中恐怕都沒被拿來做任何分析，就只是靜靜地躺在那裡而已。不過從現在起，藉由對上列分析單位及成果的意識，各位應該已可踏出分析的第一步。

另一方面，要能夠針對各種業務數據進行分析，你還得花上不少時間與精力才行。可供分析的資料基本上只有以數字表示大小的數值，或者分類爲有限狀態的資訊這兩種，以自由書寫之文字形式輸入的地址及註解意見等，都無法直接用於分析。此外，若是要跨多個資料庫結合資料以進行分析的話，還必須確實地統一、整合ID系統才行。

但也別因此就以爲非得先大規模地將這些全都備齊，別試圖先建立「公司整體的分析基礎」。我建議最好從手工作業的層次開始，以可用的最基本資料先試著分析一次。備齊的資料本身並無價值，因備齊而可用於分析之時也依舊未產生價值。資料的價值是從予以分析並應用其結果終至成功獲利時，才終於產生出來的。所以先以小規模進行這樣的循環，然後再慢慢考慮資料的完整性及分析工具的引進等部分，如此不僅風險較低，應該也較具生產力。

另外，還有一種與此「洞察」思維不同的數據資料活用方法，那就是爲了最佳化進貨及生產、資源分配等的「預測」，而這一面向，我也在本章的最後予以補足了。就連運用極大量的大數據及運算資源的Google都曾跌了好大一跤，因此，在以數據資料做預測這方面，請各位務必要非常謹慎小心。

話雖如此，但有時即使只是用簡單的自回歸模型，也能做出在某個程度上比人類直覺更精準的預測。

不論採取什麼分析手法，你都可用交叉驗證等做法來檢查該預測方式到底有沒有效。換言之，在排除過度學習的影響後，我們應該要正確評估實際上預測得有多準，或者實際上預測值偏離實際值的風險有多大。

因此，反過來說就是，和洞察時不同，在預測方面，對一般商業人士來說，與其理解個別預測手法，具備以交叉驗證來評估預測效果的觀念其實更爲重要。這部分在某個程度上可委託專業公司處理，而不論所用的手法有多麼先進新穎、理論有多優秀，只要以基於交叉驗證法的公平競賽方式來決定預測方法的採用與否，基本上就不會錯。

只不過在商業上，重要的不止是「猜得有多準」的單純數值，還必須顧及「猜不準的時候會產生怎樣的問題及風險？」這個觀點。是該重視機會損失？還是該警惕資源的浪費？將現實中的可能性納入考量後，又該在依循預測結果的同時保留多少的緩衝呢？若能充分瞭解這些，那麼不論是爲了預測而做的數據分析，還是爲了改善營運管理，應該都會產生出很大的價值才對。

統計學補充專欄IV

運用了集體智慧的預測手法

在針對長期或抽象的主題進行預測時，經常會無法備齊足以分析的資料。就如內文所提及的進貨數量，若是相當穩定且目前已有跨幾十個時間單位的資料可用，那麼像波克斯-詹金斯式的分析方法，或是更複雜的機器學習型的方法等，都可能有效發揮作用。

但在商業上，人們想預測的東西並不總是只有這些。例如：人們還會想知道「在美國，自動駕駛汽車的新車銷量幾年後會超越非自動駕駛汽車？」或者「10年後，IT業界最具影響力的，是什麼領域的技術？」等。若能知道這些，就能進行對應的投資，所以應該有很多企業都會想做這類預測。

這樣的預測雖然很難以現有的資料做到，但在有天分的專家之中，的確有一些人能夠綜合本身所具備之難以言語化的資訊來做出精準的預測。可是另一方面，卻也有雖號稱專家，但事後回頭一看根本沒一次預測得準的傢伙存在，因此，實在很難決定

圖表 4-16 德爾菲法示例①

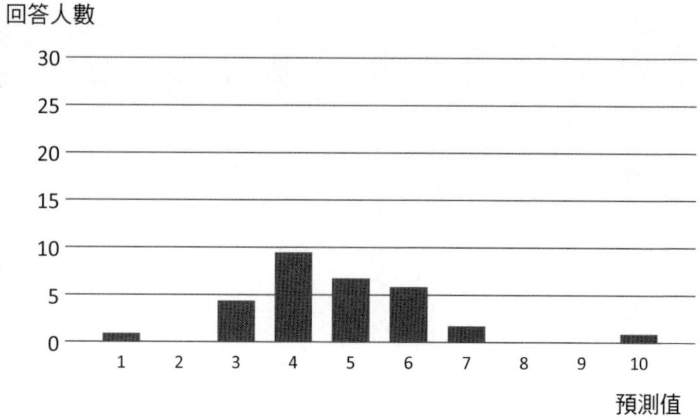

該請誰來預測才好。儘管如此，我也不建議大家聘請多位專家組成委員會之類的組織來仔細討論。畢竟預測不準的專家往往聲音比較大，大家很容易被他的意見拉著走，儘管有人意見不同，但最後的結論很可能依舊是錯的。

所以目前較建議的方式，是所謂妥善利用多位專家之集體智慧的做法。最具代表性的，便是名爲德爾菲法（Delphi Method）的一種方法。

德爾菲法是先分別請多位立場各異，且彼此的判斷用資訊來源似乎非共通的專家來提供預測值，這時嚴禁專家們彼此商量、交換意見。接著，匯整所得到的答案並把結果回饋給專家們，然後請他們再次提出預測

圖表 4-17　德爾菲法示例②

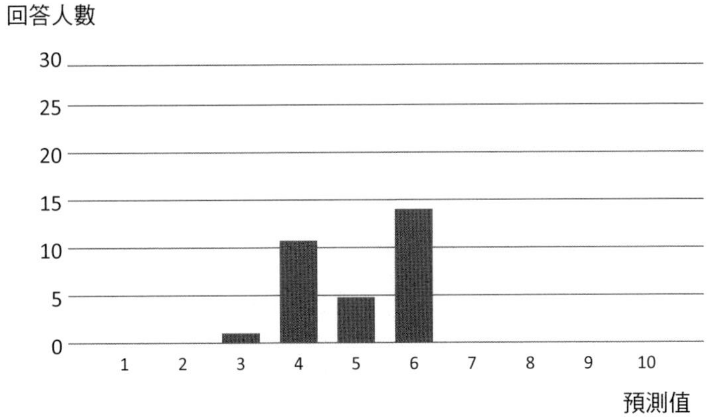

值。

假設圖表4-16就是針對「自動駕駛汽車的市佔率幾年後會超越非自動駕駛汽車？」所提出的預測答案。回答「氣勢很強，大概明年就會超過了吧？」的人和回答「喔不不不，至少還要個10年吧」的人都各有一位，多數人的答案都介在3～7年之間，而最多人預測的是4年。

不過，一旦將此結果回饋給各專家並讓他們再重新預測一次，便有一些專家稍微改變主意了。像是覺得「明年的確是不太可能…」、「或許不用10年也說不定？」等。回答3～7年等較中庸年數的人也一樣，而原本回答4年的人也有人改爲6年（見圖表4-17）。

依情況不同，有時也會由調查方介入，直接將極端的答案從選項中排除，但不論如何，隨著這樣的循環反覆進行多次，專家們的回答都會收斂至幾乎相同的值。而這個答案，便可視爲就這群專家的集體智慧而言，可能性最高的預測值。

此外，這裡介紹的是與大小有別之數值相關的德爾菲法，不過，像是「10年後ＩＴ業界中最重要的技術領域爲何？」之類的質化預測，也一樣可分別向各個專家尋求自由的評論意見，只要將答案分類爲有限的選項，便能進行「哪個分類有幾人」的匯總處理。接著，將匯總結果回饋給各專家，並依狀況排除僅有一人回答的選項後，再次請他們提出預測，只要反覆進行多次這樣的循環，就同樣能獲得「就集體智慧而言，可能性最高的預測」。

還有某些情況是雖然難以用數據資料來預測，但相對在較短時間內就會知道答案，且一般民眾或消費者的感覺比有限的專家更爲重要。在這類情況下，便可進一步增加參與者，以進行所謂「預測市場（Prediction Markets）」的做法。

舉個例子，別說什麼10年後，假設我們想預測的是明年一整年內，哪個領域的ＩＴ投資會變多好。是資安措施呢？還是將既有系統轉移至雲端？又或是數位行銷的推展？有各式各樣的領域存在。就其中哪個領域的投資變得活絡這點而言，比起ＩＴ

方面的專家，負責下單、外包的公司員工所掌握的資訊可能更有利於預測。

或者對於自家公司目前有的風險，不論外部的顧問專家再怎麼訪談，眞正恐怖的案子大家一定都絕口不提。但在經營者看不到的地方，可能很多員工私下都知道這問題，而且還互相傳來傳去呢。

因此，找這些人來幫忙，讓他們參加一個有如「虛擬股市」般的活動，這便是所謂預測市場的做法。若ＩＴ方面的投資可分成10個領域，那麼就發給所有參與者虛擬貨幣，以便在虛擬市場上交易10檔「股票」。然後在明年結束時，一旦依調查確定了「投資最多的領域」，便針對各參與者所持有的每一張該「股票」，發給一定的獎金。而在發給獎金之前的期間，參與者可互相以自由的價格交易各自所持有的股票，就像眞正的股市一樣。

所謂的預測市場，就是能從這種虛擬市場的運作結果，亦即可依據多少的市場價格能取得平衡這點來進行預測。市場中以最高價格達成平衡的股票，就是被判斷爲「發獎金的可能性最高」的股票。

在日本也曾實際做過這種預測。例如：在靜岡大學的研究中，二〇〇七年眾議院選舉的當選席次預測便是以這種預測市場的方法來進行實證實驗，結果成功預測出了相當接近實際席次數的值。

在此，我只介紹相當簡單的例子，而在這種如何將主觀資訊也做爲一種資料來導出合理的預測的方面，統計學當然也能夠派上用場。在此領域，近年來尤其以貝葉斯（Bayesian）統計學的貢獻最大，一種被稱做貝葉斯實話血清（truth serum）之手法的論文，甚至在二〇〇四年登上著名的《科學》期刊。

就像這樣，當要預測不確定性高的現象或數值時，除了機器學習式的人工智慧外，試著考慮可如何以統計學來活用這種人類的「自然智慧」，也是個不錯的辦法。

謝辭

正如從第一本《統計學，最強的商業武器》開始我便反覆提過多次的，此系列書籍的最大主題就是——如何「站在巨人的肩膀上」。換言之，該怎麼做才能將艾薩克・牛頓（Isaac Newton）所比喻的巨人的肩膀，亦即偉大前人們所累積的智慧，盡可能無負擔地充分活用於自己的人生。而在這方面，統計素養可說是非常有用。

不過，區區一介統計學家的我，爲什麼有能力可思考提升許多企業獲利能力的方法呢？這完全要歸功於眾多管理學家及應用心理學家們所累積的科學證據。基於科學實證的思考方式在一九九〇年代誕生於醫學研究的世界，後來漸漸擴及至教育學及政策科學等諸多領域，而管理學當然也不例外。尤其約莫在這20年間，有各種理論及觀點爲統計學所證實，並以系統性回顧的方式被統整出來。對於內文中那些做出了研究成果、造成了影響的前人們，我除了感激之外還是感激。若能多少讓各位稍微瞭解可觸及這些智慧是多麼強大的一種力量，我將深感榮幸。

除了前人的智慧外，本書也分享了各式各樣在數據資料的收集及分析上的具體注意事項。非常感謝在這部分提供了實際分析機會與數據給我的多位客戶及資料持有人。能夠學到這麼多在大學裡玩弄公式及程式碼所想像不到的各種挑戰與限制，就讓我覺得自己眞的走上了一條很幸運的事業之路。透過本書，我也將這些部分全都分享給各位，若能因此更促進整個社會對於數據資料的積極活用，那眞是很値得高興的事。

另外，我要藉此機會感謝，在百忙之中抽空審閱本書內容的早稻田大學的入山章榮教授與永山晉教授，還有專修大學的岡田謙介教授。在管理學與統計學這兩方面，能有如他們這樣的專家提供意見，著實讓本書的品質大爲提昇。不過若本書中的敘述有任何錯誤，責任當然還是在我。

最後，容我在此對於公於私都不斷支持著我的妻子與孩子們，表達感謝之意。

平井有三．はじめてのパターン認識．森北出版；2012.

第4章

Freiberg K, Freiberg J. Nuts!: Southwest Airlines' Crazy Recipe for Business and personal Success. Broadway; 1996.

吉田耕作．統計的思考による経営．日経 BP 社；2010.

Gabor A. The Man Who Discovered Quality: How W. Edwards Deming Brought the Quality Revolution to America. Penguin Book; 1992.

Goldratt EM, Cox J. The Goal: A Process of Ongoing Improvement. 2 Revised ed. The North River Press; 1992.

Porter ME. Competitive Advantage: Creating and Sustaining Superior Performance. FreePress; 1985.

全国がんセンター協議会．全がん協生存率：KapWeb. https://kapweb.chiba-cancerregistry.org/

Lazer D, et al. Google Flu Trends Still Appears Sick: An Evaluation of the 2013-2014 Flu Season. Available at SSRN 2408560; 2014.

Linstone HA, Turoff M, editors. The Delphi Method: Techniques and Applications. Addison-Wesley; 1975.

Thompson DN. Oracles: How Prediction Markets Turn Employees into Visionaries. Harvard Business Review Press; 2012.

Prelec D. A Bayesian Truth Serum for Subjective Data. science. 2004;306(5695):462-466.

第 3 章

OReilly M. Internet Addiction: a New Disorder Enters the Medical Lexicon. Canadian Medical Association Journal. 1996;154 (12) :1882-1883.

Kim WC, Mauborgne R. Blue Ocean Strategy, Expanded Edition: How to Create Uncontested Market Space and Make the Competition Irrelevant. Harvard Business Review Press; 2015.

Cano CR, Carrillat FA, Jaramillo F. A Meta-Analysis of the Relationship Between Market Orientation and Business Performance: Evidence From Five Continents. International Journal of Research in Marketing. 2004;21 (2) :179-200.

Kotler PT, Keller KL. Marketing Management. 15th ed. Pearson; 2015.

Ries A, Trout J. Positioning: The Battle for Your Mind. McGraw-Hill Education; 1981.

Lee NR, Kotler PT. Social Marketing: Changing Behaviors for Good. 5th ed. SAGE Publications, Inc; 2015.

Lee NR, Kotler PT. Marketing the Public Sector: A Roadmap for Improved Performance. Pearson Education; 2006.

Farrelly MC, et al. Evidence of a Dose—Response Relationship Between "truth" Antismoking Ads and Youth Smoking Prevalence. American Journal of Public Health. 2005;95 (3) :425-431.

Fishbein M. The Role of Theory in HIV Prevention. AIDS Care. 2000;12 (3) :273278.

Glanz K, Rimer BK, Viswanath K, editors. Health Behavior: Theory, Research, and Practice. 5th ed. Jossey-Bass ; 2015.

Baumeister RF, Tierney J. Willpower: Rediscovering the Greatest Human Strength. Penguin Books; 2011.

小塩真司 , 阿部晋吾 , カトローニピノ . 日本語版 Ten Item Personality Inventory (TIPI-J) 作成の試み . パーソナリティ研究 . 2012;21:40-52.

豊田秀樹 . 因子分析入門——で学ぶ最新データ解析 . 東京図書 ; 2012.

Safari A, Jafary MR, Baranovich DL. The Effect Of Anger Management, Intrapersonal Communication Skills and Stress Management Training on Students' Emotional Intelligence (EQ). International Journal of Fundamental Psychology and Social Sciences. 2014;4 (2) :31-38.

戦略人事論——競争優位の人材マネジメント . 須田敏子 . 日本経済新聞出版社 2010.

Combs J, et al. How Much Do High-Performance Work Practices Matter? A MetaAnalysis of Their Effects on Organizational Performance. Personnel Psychology. 2006;59 (3) :501-528.

Petty MM, McGee GW, Cavender JW. A Meta-Analysis of the Relationships Between Individual Job Satisfaction and Individual Performance. The Academy of Management Review. 1984;9 (4) 712-721.

Westlund H, Adam F. Social Capital and Economic Performance: A Meta-analysis Of 65 Studies. European Planning Studies. 2010;18 (6) :893-919.

Park TY, Shaw JD. Turnover Rates and Organizational Perfodrmance: A Meta-analysis. Journal of Applied Psychology. 2013;98 (2) :268-309.

Hambrick DC, Mason PA. Upper Echelons: The Organization as a Reflection of Its Top Managers. The Academy of Management Review. 1984;9 (2) :193-206.

山本勲 . 実証分析のための計量経済学 . 中央経済社 ; 2015.

第 2 章

Pfeffer J, Sutton RI. Hard Facts, Dangerous Half-Truths And Total Nonsense: Profiting From Evidence-Based Management. Harvard Business Review Press; 2006.

Schmidt FL, Hunter JE. The Validity and Utility of Selection Methods in Personnel Psychology: Practical and Theoretical Implications of 85 Years of Research Findings. Psychological Bulletin. 1998;124 (2) :262-274.

Brooks Jr FP. The Mythical Man-Month: Essays on Software Engineering, Anniversary ed. Addison-Wesley Professional; 1995.

Bock L. Work Rules!: Insights from Inside Google That Will Transform How You Live and Lead. Twelve;2015.

spearman C. "General intelligence" Oilectively Determined and Measured. The American Journal of Psychology. 1904;15:201-292.

Robbins sp, Judge TA. Organizational Behavior. 17th ed. Pearson; 2016.

Fiedler FE, Chemers MM. A Theory of Leadership Effectiveness. McGraw-Hill; 1967.

Vinchur AJ, et al. A Meta-Analytic Review of Predictors of Job Performance for salespeople. Journal of Applied Psychology. 1998;83 (4) :586-597.

Harter JK, Arora R. The Impact of Time Spent Working and Job Fit on Well-Being Around the World. International Differences in Well-Being. 2010;389-426.

Thurstone LL. A new conception of intelligence. Educational Record. 1936;17:441450.

Goleman D. Emotional Intelligence: Why It Can Matter More than IQ. 1st ed. Bantam; 1995.

Ries E. The Lean Startup: How Today's Entrepreneurs Use Continuous Innovation to Create Radically Successful Businesses. Crown Business; 2011.

Grant RM. Contemporary Strategy Analysis. 9th ed. Wiley; 2016.

小本恵照 . 企業経営に与える産業要因と企業要因の相対的影響 . ニッセイ基礎研所報 2008;49:16-39.

Gadiesh O, Gilbert JL. Profit Pools: A Fresh Look at Strategy. Harvard Business Review. 1998;May-June;139-148.

経済産業省 . 平成 26 年企業活動基本調査確報——平成 25 年度実績 .2015.

Newbert SL. Empirical Research on the Resource-Based View of the Firm: an Assessment and Suggestions for Future Research. Strategic Management Journal. 2007; 28; 121-146.

岩崎学 . 不完全データの統計解析 . エコノミスト社 ; 2010.

高井啓二 , 星野崇宏 , 野間久史 . 欠測データの統計科学——医学と社会科学への応用 . 岩波書店 ; 2016.

Hastie T, Tibshirani R, Friedman J. The Elements of Statistical Learning: Data Mining, Inference, and Prediction. 2nd ed. Springer; 2009.

Verbeke G, Molenberghs G, editors. Linear Mixed Models in Practice: A SAS-Oriented Approach. Springer; 1997.

Misangyi VF. A New Perspective on a Fundamental Debate: A Multilevel Approach to Industry, Corporate, and Business Unit Effects. Strategic Management Journal. 2006;27 (6) :571-590.

参考文獻

序章

Creswell JW. Research Design: Qualitative, Quantitative, and Mixed Methods. 4th ed. SAGE Publications, Inc; 2013.

Barney JB. Gaining and Sustaining Competitive Advantage. 4th ed. Pearon;2010.

久保拓弥 . データ解析のための統計モデリング入門：一般化線形モデル・階層ベイズモデル・MCMC. 岩波書店 ; 2012.

第 1 章

野中郁次郎ら . 戦略の本質——戦史に学ぶ逆転のリーダーシップ . 日本経済新聞社 ; 2005.

水越豊 . BCG 戦略コンセプト . ダイヤモンド社 ; 2003.

Slater R. The New GE: How Jack Welch Revived an American Intitution. McGrawHill; 1992.

Kim WC, Mauborgne R. Blue Ocean Strategy, Expanded Edition: How to Create Uncontested Market Space and Make the Competition Irrelevant. Harvard Business Review Press; 2015.

Hill T, Westbrook R. SWOT Analysis: It's Time for a Product Recall. Long Range Planning. 1997;30 (1) :46-52.

Porter ME. Competitive Strategy. FreePress; 1980.

Barney JB. Gaining and Sustaining Competitive Advantage. 4th ed. Pearson; 2010.

入山章栄 . ビジネススクールでは学べない世界最先端の経営学 . 日経 BP 社 ; 2015.

統計學，最強的商業武器〔商務篇〕

把數據資料轉換成獲利能力的智慧

作　　者 | 西內啟 Hiromu Nishiuchi
譯　　者 | 陳亦苓 Bready Chen
發 行 人 | 林隆奮 Frank Lin
社　　長 | 蘇國林 Green Su

出版團隊

總 編 輯 | 葉怡慧 Carol Yeh
日文主編 | 許世璇 Kylie Hsu
企劃編輯 | 許世璇 Kylie Hsu
封面設計 | 捌子
版面構成 | 譚思敏 Emma Tan

行銷統籌

業務經理 | 吳宗庭 Tim Wu
業務專員 | 蘇倍生 Benson Su、石一志 Benson Eden Shi
業務秘書 | 陳曉琪 Angel Chen、莊皓雯 Gia Chuang
行銷企劃 | 朱韻淑 Vina Ju、鍾依娟 Irina Chung
　　　　　蕭震 Zhen Hsiao

發行公司 | 悅知文化　精誠資訊股份有限公司
　　　　　105台北市松山區復興北路99號12樓
訂購專線 | (02) 2719-8811
訂購傳真 | (02) 2719-7980
專屬網址 | http : //www.delightpress.com.tw
悅知客服 | cs@delightpress.com.tw
ISBN : 978-957-8787-09-4
建議售價 | 新台幣360元　　　初版一刷 | 2018年03月

國家圖書館出版品預行編目資料

統計學,最強的商業武器[商務篇] / 西內啟著；陳亦苓譯. -- 初版. -- 臺北市：精誠資訊, 2018.03
面；　公分
ISBN 978-957-8787-09-4(平裝)
1. 統計學
510　　107000605

建議分類 | 商業理財．市場分析